経営の正解はすべて社員が知っている

前・株式会社千葉ロッテマリーンズ 取締役社長
株式会社エスパルス 代表取締役社長

山室晋也

ポプラ社

はじめに

「創立以来初の単体黒字」
「就任6年間で売り上げが1・8倍」
「球団創立以来最多観客数」

これらは、私が千葉ロッテマリーンズ社長時代に達成したことです。私が銀行員出身ということもあり、銀行員を主役にした小説・ドラマの主人公にたとえて〝リアル半沢直樹〟などと報道されることもありました。

しかし、これは必ずしも正しくありません。

在籍6年間でこれらのことが達成されたことは事実ですが、その多くは社員の発想や行動によるもので、私はそれを実行できる組織をつくっただけです。

私は第一勧業銀行（現・みずほ銀行）に入行し、千葉ロッテマリーンズ社長を経て、現在はJリーグチームの清水エスパルスの運営会社の社長をしています。

銀行出身というと、よく「決算書のどこの部分を見直したんですか？」「どれだけコストカットをしたんですか？」などと、財務面からの立て直しのことを聞かれますが、私がもっとも重点的に取りくんだのは「社員の意識改革」でした。

それは銀行の支店長として、メンバーに結果を出してもらうために行った経験からきています。銀行員で成果が上がっていない人の多くは、もともと優秀なのに、マネジメントなどにより活躍で来ていないケースが多いものです。その意識を変え、行動してもらえば、結果はおのずとついてきます。

この「社員の意識改革」はスポーツチームでも同じだと考えます。

スポーツチームの社員の多くが、チームやそのスポーツに熱い情熱を持っています。そこに新任のリーダーが大きく「改革」をし、それが現状の組織や働く社員の実態を無視したものとなっていれば、結果はついてこないでしょう。

社員の情熱を生かしつつ、意識改革をする。これが大事だと考えています。

くわえて、とかくスポーツビジネスは特殊だ、と言われがちです。

「チームが強くなければ儲からない」
「有名選手が加入すれば大きな経済効果が生まれる」

などという人が、ファンや有識者を問わずたくさんいますが、これまでの経験からいうと、どちらも必ずしも正しくないと感じます。

むしろ、銀行員時代に見てきたさまざまな他業種の企業と同じく、地に足のついている「現実的な経営手法」がもっとも効果的であると考えています。

銀行、プロ野球球団、そして現在のプロサッカークラブで、私が考え、実践してきたことが、みなさまの経営や組織運営に役立ちましたら幸いです。

山室晋也

経営の正解はすべて社員が知っている■もくじ

序章 ダメ銀行員がなぜ球団社長になったのか

第1章

組織の「内情」を知る

第2章

組織を「導く」

第3章　全方位を「お客さま」と考える

第4章

「経営」の視点を持つ

第5章　数字を読み、利益を生み出す

第6章 「ビジネススキル」以前に「人間」を磨く

序章

ダメ銀行員がなぜ球団社長になったのか

千葉ロッテマリーンズ社長退任

■「一球団社長」の退任が一大ニュースに

２０１９年11月22日。私は千葉ロッテマリーンズ（以下、マリーンズ）の球団社長を退任すると発表しました。そのニュースは思いのほか大きく報じられ、私自身、とても驚きました。

野球の世界は「ストーブリーグ」（選手の契約更改や移籍交渉が活発に行われる時期）のさなか。選手たちを差し置いて、私の退任が大ニュースになるなんて考えてもいなかったからです。

私は社長業を「オーケストラの指揮者」だと考えています。

あくまでも社長は、会社組織の中にいる数々のプロフェッショナルたちをうまく機能させるための指揮者。

もちろん組織図上は「会社のトップ」ですから、表に出る機会は多くなりますが、会社は社長ひとりの力でどうこうなるものではないと私は考えています。

くわえて私は、決して弁の立つほうではありません。どちらかといえば、シャイで人前に立つのを億劫《おっくう》に感じる人間です。

「ドラフト会議ではクジを自ら引いていたではないか。本当は『出たがり』なんだろう」と思われるかもしれません。しかしあれは単に、私のクジ運が買われて担ぎ出されただけのこと。決して、目立ちたくてクジを引いたわけではありません。

その私が一躍、ニュースの主役になってしまったのですから、戸惑いもわかっていただけるでしょう。

■財務諸表を見た第一印象は「どうしようもないな」

退任の報が広がると、マリーンズファンを中心に大きな反響をいただきました。公式SNSを通じてメッセージをいただいたのはもちろん、インターネットでも「山室退任」の話題は盛り上がったそうです。

2014年1月にマリーンズの球団社長に就任し、2019年に退任するまで、丸6年。

球団設立以来50年にわたって、親会社の赤字補塡《ほてん》なしの段階で営業赤字を垂れ流し続けていたチームの財政を立て直し、10億円以上の営業利益を出すまでに持っていくことができました。

しかし、私が初めてマリーンズの財務諸表を見たときの感想。それは「どうしようもないな」でした。

プロ野球12球団の多くは親会社の「広告塔」という位置づけであり、仮に球団単独で赤字となってしまっても、親会社が「広告費」として赤字を補塡してくれることにより、会計上は「黒字」として球団運営を続けることができます。

親会社にとってみれば、毎日、新聞やテレビで「ロッテ」と企業名が連呼され露出するので、年間20億〜30億円の広告宣伝費はたいした金額ではありません。ブランド認知の観点からすれば、非常に魅力的な投資先だと思います。だから、プロ野球への参入希望の会社が後を絶たないのです。

マリーンズは球団設立以来、50年にわたって補塡を受け続けていたわけです。

このような経営が未来永劫《えいごう》続くはずもないのですが、これまではいくら赤字を出しても親会社がすべて補塡してくれましたから、球団にはそもそも「財政を黒字化しなければならない」という問題意識が乏しい。

その中で、親会社から「赤字を、せめて毎月1億にまで減らしてくれ」と要請を受けて、経費などを頑張って削減しようとしている。しかしそんなことをしても焼け石に水……。私の就任前は、そのような状態でした。

ならばなぜ、私がマリーンズの社長を引き受けたのか。話は、みずほ銀行時代にさかのぼることになります。

ダメ銀行員の最後の大勝負

■銀行員としてどうしようもなかった新入社員時代

私は大学卒業後、第一勧業銀行（現：みずほ銀行）に入行しましたが、相当デキの悪い銀行マンでした。

「銀行マン」といえば、きちっと正確な計算ができ、お金の勘定を間違えないことが大前提の仕事です。しかし私は、その「大前提」をクリアすることがなかなかできませんでした。

当時、どのような銀行マンも、入行してから1年半ほどは、研修として窓口業務に携わります。午前9時から午後3時まで窓口に出るのですが、午前9時30分すぎにはもう、「あれ？　これ、勘定合わなくない？」と気づく。まだ5、6件しか対応していないのに、もう数字がおかしい。

お客さまに「ほかの窓口にお回りください」と詫《わ》びて窓口を閉めて、その5、6件の手続きをたどると、やはり金額を間違えている。それも「1万円払い出すべきところを、10万円払い出してしまう」という、ありえない間違え方をしている。このようなことがしょっちゅうありました。

公共料金や税金の払い込みを受け付けても、銀行に残す伝票とお客さまに返す伝票を取り違えて返してしまうことがよくありました。

手元に残る「お客さま控え」を見て「またやってしまったか……」と幾度も呆然《ぼうぜん》としたのを、今でも思い出します。

窓口業務は午前9時から午後3時までですが、私はその時間のほとんどを、「それまで受け付けた手続きの再確認」「間違って多めに払い出してしまったお金の回収」「公共料金・税金の『お客さま控え』のお渡し」に奔走していたのです。

お客さまの中には、「あいつは桁を間違えて払い出すやつだ。あわよくば多めにお金をもらって逃げ切ってやろう」と、わざわざ「狙って」私の窓口に並ぶ人もいました。それくらいに、誰が見てもわかる「ダメ銀行マン」だったのです。

1年半の研修が明け、窓口業務から解放されました。

「自分は窓口業務が苦手だっただけだ。細かい事務作業がない営業業務に就けばなんとか……」と思っていましたが、研修のダメっぷりを知っている周りは色眼鏡で見てきますし、実際、思うように挽回《ばんかい》ができません。上司からは、厳しい「トレース」という指導（44ページ）で詰められます。

そもそも私は、愛想が悪くて、ぶっきらぼう。他人のご機嫌を取るなんてまったくの不得手。人から親切にされても「ありがとうございます」という言葉すらもまともに返せないような人間でしたから、営業実績が上がるはずはありません。

「この世界は足を踏み入れるような場所ではなかった。自分はなんで、就職先に銀行なんかを選んでしまったんだ……」

現状の自分に対する情けなさと後悔から、トイレの個室で涙することもたびたびありました。

潮目が変わったのは、上司が替わってからです。

新しい上司は、新人なのに新規先を開拓をしようとする意欲を褒めてくれました。自分には新規開拓できるようなスキルも知識も経験もありませんでしたが、やる気だけを評価してくれました。

実績はまるで出ていなかったのに、新しい上司は私の「働き方」を見てくれ、応援してくれたのです。意気に感じ、この人の期待に応えたいと思いました。

そして、もしも自分が上司になることがあったら、この人のように、メンバーのいいところを見て、褒めることができる上司になりたいと思いました。

彼の背中を追い、一つひとつの仕事を丁寧にこなしていくうちに、いつしか私も上司となり、支店長となり、実績を出し続けることができるようになりました。

■社内に無頓着。ゆえに「本体」を外れる

それから、上野支店や渋谷中央支店などの都心大型店の支店長を経て、2011年には執行役員に就任しました。

執行役員まで出世すればもう、銀行員としては「あがり」のようなものです。

ただ私は正直、もうちょっと「上」、具体的にいえば「常務」や「専務」までは出世できるのではないかと自惚れていました。

なぜなら行内では同期たちの中で断トツの成績を出していたからです。

ところが、私が常務や専務になることはありませんでした。なぜか。

社内に無頓着すぎたからです。銀行は営業実績だけでさらに上に上がれるほど甘い世界ではありません。要するに、メガバンクの上級役員としての資質が不足していたということでしょう。

詳細は避けますが、人事は正直なもので、しばらくすると私は「関連会社の社長」

というポストを与えられることになります。

■もう一度「実力」で勝負したい

「関連会社の社長」もまた、ひとつの「銀行員のあがり」の形ではあります。しかし毎日、午前10時前にハンコを押し終え、午後5時の終業までの時間を過ごすうちに、私は「自分の人生、これでいいのか」と考えるようになりました。

銀行では支店長として、在任17期中15期で「総合成績優秀賞」（規模マーケットごとの上位2割の成績優秀店に与えられる賞）を受賞しました。

融資を担当するなかで、無一文から創業して苦労を重ねＩＰＯ（株式公開）を果たしたり、ボロボロの財務内容の会社を引き継いだ社長が、数年で素晴らしい会社に再生させたりするケースを見て、「いつかは自分も」と思い、常に尊敬と憧れをもって接していました。

もう一度、自分の実力で勝負したい。そんな思いを社外の人に伝えることも多くなりました。

「社長として、高給で個室つき秘書つき運転手つきで仕事をしたいわけではない。やっぱり人間、仕事にはやりがいを求めるものだ。もう一度、自分の実力で勝負したい。報酬が今より下がってもいい。火中の栗を拾うような大変な仕事でもいい。とにかく自分の実力で勝負できるエキサイティングな仕事がしたいんだ」

まさか本当に、「それでは『火中の栗』をどうぞ」と紹介してくれる人が現れるなんて思ってもみませんでした。

彼が見せてくれたのは、真っ赤な財務諸表。マリーンズのものです。

「どうです？　やりがいあるでしょう」彼は私を煽《あお》ります。

確かに、やりがいはありそうです。

ただ、財務的にあまりにも「どうしようもない」状態にある。それに私はプロ野球に詳しいわけでもありません。怯《ひる》んだのも事実です。

しかし自分から「火中の栗でも何でも拾う」と言った手前、「これは無理です」と逃げ出すわけにはいかないでしょう。

私はマリーンズの再建を引き受けることにしたのです。

第 1 章

組織の「内情」を知る

就任直後まず行うのは「社員全員へのヒアリング」

■メンバーの警戒を解き、「生の声」を聞く

私が組織のトップを任されたとき、必ず最初に行うこと。それはメンバー全員への「ヒアリング」です。

職場の雰囲気をどう感じているのか。会社の方針についてどう考えているのか。何か困っていることはないか。そういった、メンバー一人ひとりの「生の声」をひたすら聞くのです。

みずほ銀行時代には支店長として在任17期中、15期で総合成績優秀賞を受賞し、マリーンズ時代は50年間続いていた20億～30億円の恒常的な営業赤字体質を社長就任か

ら5年で黒字化させた実績から、世の中には私のことを「伝説の支店長」「敏腕社長」と呼んでくださる人もいます。

彼らは、私がいかにも「山室流の強力なリーダーシップ」で支店や会社の業績を高めたかのように思っているようです。

しかし残念ながら、「山室流の強力なリーダーシップ」なんて存在しません。

私のやったことといえば、一人ひとりの「生の声」を聞いたこと。そして彼らが働きやすくなるように、働いていて「楽しい」と思えるように調整していったこと。ただそれだけです。

銀行の支店長は、数年ごとに担当する支店が替わる、いわば「渡り鳥」。そしてマリーンズにしても清水エスパルス（以下、エスパルス）にしても、私は他社からやってきた「外様《とざま》社長」です。

つまりメンバーたちの側からすれば、「今度のトップはどんなやつかな」と警戒するところからのスタートです。

とにかくその警戒を解き、メンバーが「何を考えているのか」「何を感じているのか」を知らなければ、組織運営は前に進みません。そのため私は、ほかの仕事よりできる限り優先して、メンバーのことを知る時間を設けたのです。

■メンバーがより快適に、より楽しく働けるよう努める

そもそも「会社」という組織は、とても不思議な環境のもとに成り立っています。気心の知れない人間同士が、利益を追求する集団の中に放り込まれ、1日何時間も一緒にいる。

好きで集まった仲間ではない人間の集団が「利益を追求する」という大きな課題に挑むわけですから、ギスギスしないはずがありません。

「同僚同士の人間関係が悪い」「仕事でトラブルが起こる」「全体最適であるべき各部門が、それぞれ自部門の都合を優先する」といったややこしい状況が、ごくごく普通に起こり得る場所。それが「会社」です。

その特殊な環境下にあって、リーダーはひとりで業績をあげることはできません。メンバー一人ひとりに「業績をあげてもらう」しかないのです。

仮に、朝7時に家を出て、会社に8時に到着。夜7時まで残業をして、8時過ぎに帰宅すると、実に仕事に13時間も取られています。睡眠時間を8時間としたら、起きている時間は16時間。そのうちの8割を職場で過ごしていることになります。

この時間がストレスだらけのつまらない時間だったら、何と不幸でつまらない人生でしょう。会社で過ごす時間は楽しい時間でなければ、絶対によい結果は出ないと思います。

メンバー一人ひとりにより快適に、よりやりがいを持って働いてもらえるように調整する。そのための第一歩が、全員へのヒアリングです。

■ネガティブな意見はチーム運営の大きなヒントとなる

ヒアリングは、35ページのような「ヒアリングシート」を事前に配り、答えてもらったうえで行います。「ヒアリングシート」を見ていただければわかるように、とくに奇をてらった質問はありません。会社全体と自分の部署について、

・良い点
・改善すべき点
・提案、意見、展望

を聞いているだけです。

ヒアリングはあくまでも「情報収集」と「相互理解」が目的ですから、あまり凝る必要はありません。

これだけの情報でも、組織の実像が見えてきます。

とくに役立つのは、「改善すべき点」。複数のメンバーが共通してあげてくるネガティブ面はかえって、今後、スムーズに進めていくための大きなヒントとなります。

たとえばあなたが、新たに支店長として、とある支店に赴任したとします。

全員のヒアリングをする中で、複数のメンバーから、

「これまでのリーダーは非常に素晴らしい理念・考え方を全員に徹底していました。でも私には難しすぎて正直何をしたらいいのかわからなかった。実際、現場はあまり

山室流ヒアリングシート

例 みずほ銀行のとき

	支店全体について	自分の課について
良い点		
改善すべき点		
私の提案・意見・展望		

その他
1.自分の夢、目指す銀行員像
2.その他(何かあれば自由に書いて下さい)

変わっていなかったような気がします」

という声があがってきたら、どう考えるでしょうか。

おそらくこれまでのリーダーは、あるべき理想的な姿を示すことはできたが業務の実態を実は把握できていなかったのではないでしょうか。自信がなく、ひょっとしたら自分の指示が原因で失敗したときに責任が降りかかることを恐れ、曖昧な指示を出し続けることに終始していたのかもしれません。そしてメンバーは、そんな半身逃げているリーダーの姿勢を感じ取り、不満を持っていたと推測されるわけです。

つまりあなたがこれからやるべきは、メンバーに対して責任から逃げない具体的なわかりやすいメッセージと明確な指示を発信すること。メンバーの声が、リーダーとしてとるべき行動を教えてくれるのです。

ヒアリングシートの「改善すべき点」を踏まえた行動を自らとることで、「このリーダーはメンバーの声を取り入れてくれる人だ」と信頼されるようにもなります。

また、「改善すべき点」が一切出てこない場合は、「その組織に改善すべき点が一切ない」のではなく、「これまでのリーダーが威圧的なマネジメントを敷いていたため、メンバーがリーダーに対して萎縮している」可能性があります。

ヒアリングシートの「提案、意見、展望」の欄に注目し、「何をやってみたいのか」を丁寧に聞くことで、メンバーの萎縮は解けていくでしょう。

■ヒアリングの結果、見えてくるものがある

ヒアリングの結果として、明確に「なるほど、そうだったのか！」と思えることは少ないものです。しかし、それでもメンバー全員と話していると、「何がこの組織で不満とされているのか？」や、組織の輪郭などが浮き彫りになってきます。なぜなら、特定されるような名指しこそなくても、組織・雰囲気に対する不満は必ず出てくるからです。そこに理解を示し、より深掘りしていくと組織の実態が見えてきます。

銀行で、支店長の支店運営をサポートする支店業務部にいたときに感じたことですが、支店長になる人は皆優秀でプライドも高く、当然話も上手い。行員相手に自分の考えや理想を表現できる人は多かったです。

でも、実際に人を動かし、お客様を動かし業績を上げ続けるのは至難の業。次から

次へとトラブルが発生し、本部からの目標レベルは上がってくるのですが、こうしたときに原理原則だけでなく、具体的な指示が出せる人は多くないです。

私の考えは、悩んだら「現場に聞け」です。現場の情報はさまざまなレベルがあり、そのまま伝えるものは少なくても、その背景にあるものまで掘り下げると、キラリと光るヒントが発見できます。

組織がうまくいっていない場合には、「理想を掲げる威圧的なマネジメントでメンバーが萎縮しているケース」と「リーダーが事なかれ主義で無難に何もしないで在任期間を全うしようというケース」、この2つがよくあるパターンです。

威圧的なマネジメントスタイルを変えるのは、ピリピリして一生懸命働かされていた社員のケアをすれば大丈夫なので、比較的簡単です。

しかし、何もしないマネジメントスタイルを変えるのは難しい。何もしないスタイルそのものを変えるのは容易ですが、何もしないのが組織の風土に根付いてしまっていて、それに社員が慣れていることを変えるのが大変です。そもそも上がやる気がなくて、何ら問題の発見・改善に取り組んでこなかったような組織は、体に染み付いているので、「やれ」と言ってもやらない傾向にあるからです。

とにかく、「やらない理由」「できない理由」を、「そもそも基本戦略がない」「経営理念と違う」「トラブルが起きる」などと、どこまでも一生懸命に探し続けます。

これをどのように改善していくかは、後ほど説明します。

■時間がかかっても「全員」からヒアリングする

メンバー全員のヒアリングをするとなると相当な時間を要します。私がみずほ銀行で最初に支店長を務めたのは、全社員パート含めて30人ほどの地方小型店である日立支店でしたが、それでも全員のヒアリングを終えるのに1カ月以上かかりました。

ヒアリング自体は1人あたり30分ほどですが、もちろん仕事はヒアリングだけではありませんから、1日あたり数人のヒアリングができればいいほうです。

しかしそれでも、チーム全員のヒアリングを行う価値は大きいと私は考えます。

ヒアリングの手間を簡略化しようと、たとえば副支店長や課長クラスのみにヒアリングを行うのは悪手。

彼らは「対・上司」の「当たり障りのない報告」のスキルに長《た》けています。聞こえてくるのは「加工された声」ばかりであり、「生の声」を聞くことはできません。

現場の最前線で働く一般社員の声こそ、チームの姿をありありと表す「生の声」。注意深く耳を傾けると、リーダーのとるべき行動が見えてきます。

社員が本音で話してくれる関係のつくり方

■「仕事を離れた付き合い」に頼らない

初回のヒアリングで、メンバーが本音を話してくれるとは限りません。

そもそも人間は、信頼関係のできていない人に本音を話したがらないものです。仕事上のリーダーに本音を洗いざらい話さなければいけない義理は、メンバーにはありません。

そこで多くのリーダーは、「なんとか部下と本音で話し合える関係をつくろう」と、積極的に飲みに誘ったり、レクリエーション大会を開いたりするわけですが、これは実は、あまり得策とはいえません。

「職場における、仕事を離れた付き合い」は、確かに一定のメンバーの本音を引き出

しやすくなる一方で、メンバーとの付き合いに濃淡ができたり、入ってくる情報が偏ったりするおそれがあります。

私はワイワイと仲間とお酒を飲むのが好きです。ゴルフも大好きです。

ただ、リーダーとして、ほかの組織との交流のために飲み会やゴルフに参加することはあっても、自分のチームのお気に入りメンバーとだけでお酒を飲んだり、ゴルフをしたりすることはほとんどありません。

メンバーの中には必ず、お酒が好きな人もいれば、苦手な人もいます。ゴルフが好きな人もいれば、苦手な人もいます。

それなのに私が飲み会を主催したり、ゴルフに誘ったりしてしまっては、特定のメンバーとの関係性ばかりが深まってしまい、お酒が苦手なメンバーや、ゴルフをしないメンバーにしてみれば面白くないでしょう。

「職場における、仕事を離れた付き合い」の場をリーダーが積極的につくると、無用な派閥をつくり出してしまう危険があるのです。

■全メンバーの話を「均等」に聞く

そこで私は、あくまでも勤務時間中にメンバーとの関係を深めようと試みました。
みずほ銀行の支店長になったころから、15分ほどの「ショートミーティング」を実践したのです。

「ショートミーティング」は、以前にお話しした「社員全員へのヒアリング」の延長のようなものです。

各部署に1~2週間に1回程度、私が参加するミーティングの時間を15分ほどつくってもらい、私は日々、いろいろな部署のミーティングに顔を出す、というかたちです。部署やチームが10個あれば10日に1回。14個あれば2週間に1回、私を交えたミーティングが開かれ、それを恒常的にぐるぐる回していきます。

「ミーティング」といっても、そんなに堅苦しいものではありません。「今週は何か、新しいことがあった?」と聞き、「何もありません」と返ってきたら、そのまま雑談して終了。そんな回もたくさんありました。

ただ、それは決して「無駄な15分」ではありません。

全メンバーに均等に発言の機会を設け、全メンバーの話を均等に聞く。それこそが、「メンバーが本音で話してくれる関係」を築くために欠かせない要素だからです。

あるミーティングでは、私が笑うとある担当者が「よし！」とガッツポーズをとっていました。「何をやっているの？」と聞くと、皆で社長の笑いを必ず一回取ろうと決めているとのことでした。いつも笑いの絶えないミーティングばかりでした。

メンバーはリーダーに対して、多かれ少なかれ「壁」をつくるものです。とくにかつての銀行では、上司が部下の実績を厳しく管理するのが通例でしたから、「リーダーを前にする」だけでメンバーが萎縮してしまう場合が多くありました。

今はハラスメント防止の観点から変わりつつありますが、かつて第一勧業銀行（現みずほ銀行）には「トレース」という恐怖の指導がありました。

「トレース」のもともとの意味は、「計算機プログラムの確認のため、計算過程を追って調べる」こと。転じて、部下の仕事を「なぞる」「追跡する」「さかのぼる」こ

山室流ショートミーティング

■ **山室流ショートミーティング**

各部署やチームに1～2週間に1回、
自分が参加するミーティングの時間をつくる

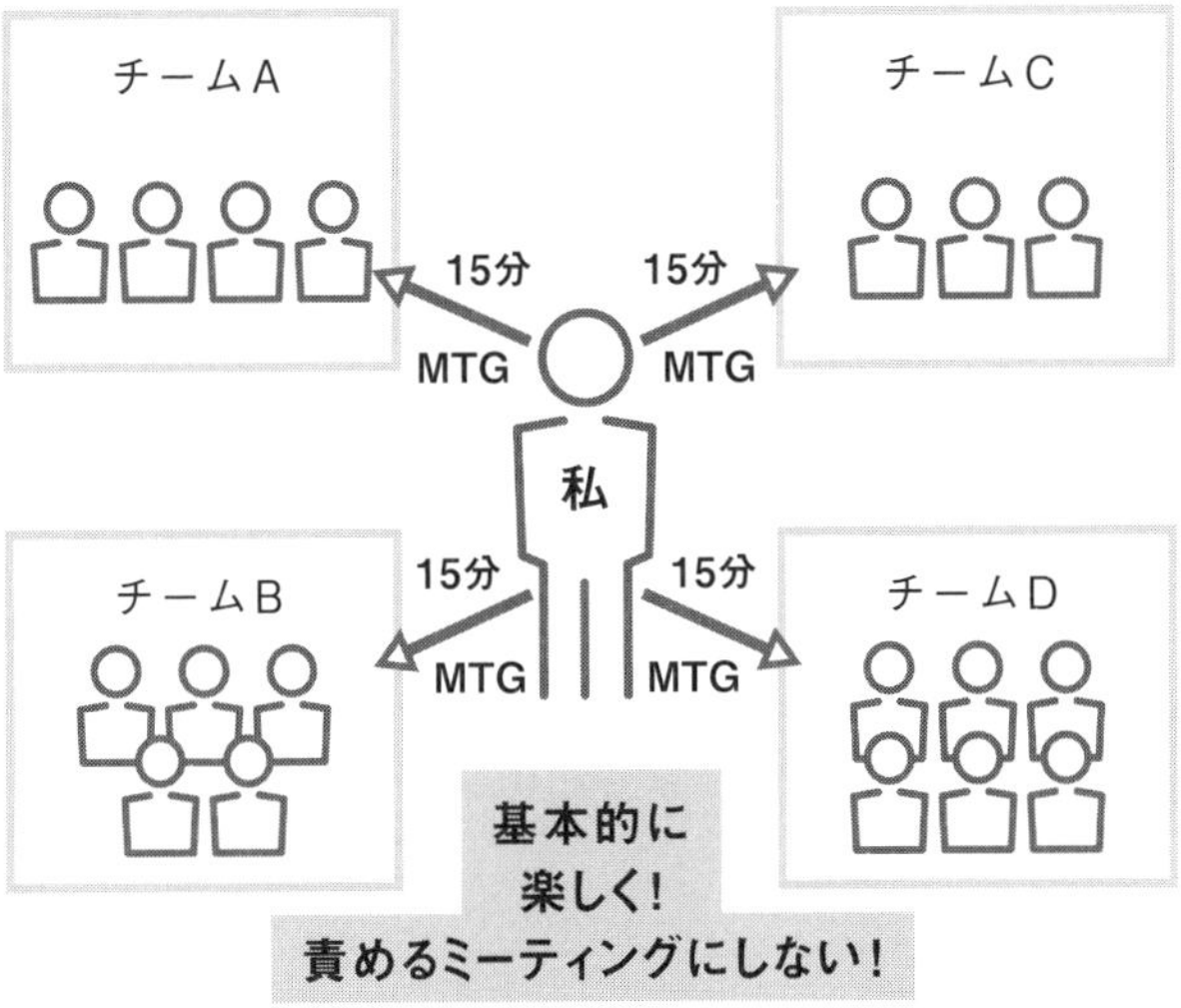

基本的に
楽しく！
責めるミーティングにしない！

全メンバーに均等に発言の機会を設け、
全メンバーの話を均等に聞く

「メンバーが本音で話してくれる」
関係を築く

とによる指導が「トレース」と呼ばれていました。

「この案件はどうなっているんだ」

「すみません、まだできません」

「なんでできないんだ」

「すみません、頑張ります」

「頑張るじゃないんだよ。なんでできないんだって言ってるんだよ」

このように、部下を詰めに詰めるのが「トレース」です。

私はこの「トレース」が大嫌いでした。トレースされる立場のときはもちろん、トレースする立場になってからはさらに嫌いになりました。

部下を詰めるのも上司に詰められるのも、仕事として一切面白くない。まだ部下を詰めることで成績が上がるのならば一定の意味はあるのでしょうが、そうでないことがほとんどでしたから、なんとも不毛な指導です。

さらに「トレース」の結果、仕事が順調に進んでいることがわかったとしても、上司はとくに褒めることもなく「できて当たり前」という態度。これではモチベーションを高めろというほうが無理な話です。

私はなんとか、この指導法を変えたいと考えました。その結果が、「社員全員へのヒアリング」と「ショートミーティング」です。

私が支店長になったばかりのころは、「これまで、支店長に話しかけてもらったことなんて一度もない」というメンバーが多くいました。それだけ、かつての支店長がお高くとまっており、メンバーに無言のプレッシャーを与え続けていたのでしょう。

しかし支店長なんて、支店のメンバーに業績を上げてもらってナンボ。偉くもなんともありません。

ヒアリングをしても、ショートミーティングをしても、初めのうちは「支店長」という存在に萎縮して、考えていることを話してくれないメンバーもいましたが、粘り強く話を聞き続けていると、少しずつ、「こんなことがあった」「こんなことを考えた」と素朴な本音を語ってくれる機会も増えていきました。

ショートミーティングで、あるメンバーが発した、

「お客さまの○○さん、お孫さんができて喜んでいましたよ」

という何気ない一言をメンバー全員で共有したことにより、お客さまといい関係が

築けたといったこともありました。

また、ショートミーティングをきっかけに大きなビジネスが成立したケースもあります。

当時、他行がメイン先で銀行として攻めあぐねていた優良企業の大手A社で、あるB社の製品を大量に使った大きな設備投資プロジェクトが頓挫しているとの情報をキャッチしました。どうやら、そのB社に突然経営危機の噂が流れ、A社も設備工事を担当する会社も不安が残り、プロジェクトが頓挫しているようでした。さまざまな行政の規制や時間的制約があり、どうしてもB社の製品でないと当初の計画通りに進まないという事情もあるようでした。

A社がプロジェクトを進めない限り、銀行としても融資もビジネスチャンスも生まれません。

普通の銀行員ならば、その後の進捗状況を情報収集する程度で、この時点で諦めるようなケースです。

私は担当者たちと日々テーブルを囲んで、「B社以外の製品に切り替えるウルトラCのアイデアはないのか？」を議論しました。また、「B社の取引に不安がないように銀行が保証を出す」「特別目的子会社を作ってB社の倒産リスクから切り離す」など、妄想にも近いあらゆる可能性を探りました。

結局、B社のリスクを引き受けてくれる業者を探すしかない、ということになり、ありとあらゆる人脈やネットワークを駆使して、ようやく同様の設備工事を手掛けているC社を探し出しました。

さっそく、そのC社の役員を直接訪問して、プロジェクトの概要やリスクの所在を包み隠さず説明しました。すると、彼らとしては中身をよく分析すると、仮にB社の倒産にリスクがあるとしても、B社の製品そのものは非常に優秀で故障も少なく、万一の故障用に予備品を十分に確保することで工事を請けてもかまわないとの回答でした。

発注主であるA社も、上場している優良企業であるC社がリスクをとって設備工事保証をしてくることに大変感謝され、プロジェクトは再度動き始めました。

結局、その後ほどなくしてB社の経営危機の噂も消え去り、B社からもC社からも大変感謝されました。当然、銀行としても大きなビジネスチャンスをつかんだのは言うまでもありません。

■積極的に声掛けをする

他にも、みずほ銀行では、よく声を掛けることを意識していました。

声を掛けると「見てもらっている」という思いになり「この上司のために頑張ろう！」といった貢献意欲が出てきます。

各推進責任者から、実績の上がったごとに、担当者をほめ讃えるメールを支店内全員に発信させていました。私はそのメールに必ず「おめでとう！」「さすが凄い！」と、動く絵文字などを駆使して面白おかしく全員に返信していました。

くわえて業務日誌へのコメントにも気をつけました。多くの担当者は実績が上がったときにそのプロセスを知ってほしいとの欲求があり、スタッフや事務担当者も自身の仕事に関心を持ってもらえるとモチベーション向上につながります。

花柄スタンプ（「よくできました！」「応援しています！」「ファイト！」「猪突猛

進」など。100円ショップで入手）を使って垣根を下げコミュニケーションをとりやすい環境をつくることもしていました。

社員に本音を語ってもらうのに、特別な仕掛けはいりません。全メンバーに均等に発言の機会を設け、全メンバーの話を均等に聞く。愚直にそれを続けるだけでいいのです。

■「モノ申す意見」を取り入れる

マリーンズに着任してしばらくして、業務下請けの若い社員と雑談をしていたところ、「今までの社長はみんな、変革だ、改革だ、聖域なくゼロからつくり変える、とか皆同じようなことを言っていました。でも結局全然変わりませんでしたよ」と、暗に「あなたも同じでしょう？」と面と向かって言われました。

言われた私は「社長なんて、言うことだけは立派で皆そんなもんなのだろうな。でも俺は絶対変えてやるから見ててくれよ」と宣言しました。

彼は委託先会社の社長にズケズケとモノ申すほどの人間なので、自由気ままで自己主張が強い男。彼の問題意識・提言に従って、スタジアムのホスピタリティ改善の実質的な責任者に任命しました（それまでの彼は、ファンとの接し方では決して愛想のいいほうではありませんでした）。

彼のアイデアで、スタジアム入場ゲートで社長やマスコット、チアリーダーや職員が、来場者をハイタッチで迎え入れグリーティングする企画がスタートしました。彼は次から次にアイデアを出し、最高の笑顔で模範となる接遇を率先して実践してくれました。職員の間では、彼自身が一番変わったと言われるほどでした。

そんな彼が、数年後同じ話をしました。

「あのときああいう失礼な発言をしましたが、山室さんはそれまでの社長とは違った。この数年でめちゃくちゃ変わりました。もう勘弁してくれ、ついていくのが大変と思うくらい会社が変わりました。ありがとうございます」

でも実際には、会社ではなく、彼自身が一番変わったと思います。彼には今でもストレートに気持ちを伝えてもらっていて感謝しています。

社員の「意識」を変える

■「メンバーが面白がる仕事」をいかに増やせるか

ヒアリングやショートミーティングを重ねると、だんだん「組織の素顔」が見えてくるようになります。

「たまたまほかの支店より市場環境に恵まれているがために成績がよいだけなのに、まるで『自分たちがすごい』かのように思い上がっている。危険な状態だな」とか、「負け癖がついていて、『どうせ自分たちなんて……』というネガティブ思考が染み付いているな」といったことが見えてきます。

見えてきたネガティブ面を、どうポジティブに転換させるか。そしてポジティブ面をどう増幅させるか。組織づくりの大きなテーマです。

ヒアリングやショートミーティングで次から次へと組織のネガティブ面が浮き彫りになると、「いったいどこから手をつけたらいいんだ……」とげんなりしてしまうものです。しかしここで大切なのは、「それだけネガティブな面がある職場で働いているのに、メンバーがまだ辞めておらず、かつ自らアラートをあげてくれている」という事実です。

閉塞感《へいそく》を抱いていたり、不満を持ったりしていても、まだ辞めていない。それはまだ職場に期待を抱いているからです。

何かその職場で実現したい仕事があったり、叶《かな》えたい夢があったりするからこそ、残っているのです。そこにスポットライトを当て、リーダーがメンバーにとっての「面白い仕事」を増やしてあげることで一気に活性化します。

■メンバーには「やりたいこと」をやらせる

「メンバーが面白がる仕事」とは基本的に、「メンバーが自らやりたいと考える仕事」

です。

35ページでご紹介したヒアリングシートには、「自分の夢」という項目があります。**どうしたら一人ひとりの「夢」を叶えられるかをリーダーが真摯《しんし》に考え、実現できるようにお膳立てをすると、組織は大きく動き出します。**

私がマリーンズに着任した直後のことです。

ヒアリングシートに「今年のファン感謝祭では、選手やファンと一緒に『恋するフォーチュンクッキー』のダンスを踊りたい！」と書いてきた、ファンサービス担当の社員がいました。

「恋するフォーチュンクッキー」は後に社会現象を巻き起こした、AKB48のヒット曲ですが、当時の私には何のことやらさっぱり。どういうことか聞いてみると、その社員は同じくファンサービス担当の社員を呼び、2人でくねくねと踊り始めました。

「こいつらは社長室で何をやっているんだ……」と呆気《あっけ》にとられましたが、とても楽しそうに踊っていたので大丈夫だろうと思い、「採用！」と即決したら、今度はその2人のほうが呆気にとられた顔をしていました。

どうやら、これまでは自分たちの提案が通ることなどまずなかったため、「まさか本当に通るとは思わなかった」と驚いていたようです。

企画は大成功。選手、ファン、球団職員、球場で働く人たちみんなが一体となってダンスを楽しみ、その様子を映したYouTube動画も瞬く間に拡散しました。

それまでのマリーンズのイメージといえば、「万年赤字で予算不足」「スター選手不在」「観客動員数低迷」……とネガティブ要素が多く、閉塞感が漂っていましたが、マリーンズに関わるすべての人で踊った「恋するフォーチュンクッキー」からは、大きなパワーと可能性を得ることができました。

そしてこれを機に、マリーンズは大きな話題を生む数々のファンサービスを生み出していくわけですが、このお話は追々、ご紹介していくことにしましょう。

組織のネガティブ面を、一気にポジティブに転換させる起爆剤は、メンバーの「夢」にあるのです。

■社員の「こんなことやってみたい!」を叶える

マリーンズは、私の着任する十数年前からマリンスタジアム以外での主催試合は開催していませんでした。理由は、他球場では使用料や移動費含めコストがかさむので収益が悪化するから。

ただ、エリアマーケティングの観点からは、ファン拡大のため、マリンスタジアム以外の新しい場所での開催を模索はしていました。当初は千葉県内で検討しましたが、収容人数が十分な施設がなく断念した経緯があります。

そんなあるとき、ある担当者が「どうせ無理だけど、東京ドームでできたらいいのになあ〜」とつぶやきました。どうしてと質問すると、「興行に携わってきた人間にとって、東京ドーム開催なんて夢のまた夢ですよ!」と言います。

確かに、音楽業界などでは、東京ドームコンサートというのは大きなステイタスと聞きます。すぐに「じゃ、やろうよ! 東京ドーム」で決まりました。社員は驚いたと同時に、その眼がキラキラ輝き始めたのをよく覚えています。

とはいえ、

「弱小球団のマリーンズが巨大で利用料の高い東京ドームを使って採算に乗るのか？」

「そもそも東京ドームを貸してもらえるのか？」

「フランチャイズ権を有する巨人とヤクルトは許可してくれるのか？（東京ドームのある東京で主催試合をする際には、東京にフランチャイズ権を有する巨人とヤクルトの許可が必要）」

という状況からのスタートでした。

それでも、企画がスタートして約1年半後の夏に夢が叶いました。東京ドームが満員御礼になり、マリーンズの球団史上最高の集客試合となりました。収益的にも1試合としては過去最高の収益結果を出し、大成功のプロジェクトとなりました。

余談ですが、東京ドームでの試合終了後、元監督（当時、ロッテオリオンズ）の故・金田正一《かねだまさいち》さんから強く叱責《しっせき》されたのを覚えています。

満員試合であるにもかかわらず試合内容が芳しくなく、私が金田さんに「満員の試合なのに、こんな情けない試合じゃダメですよね」と挨拶したところ、

「社長！　社長がそんなこと言ったらダメだ。ロッテの試合でこんな客の入った試合は、俺は見たことがない。社員がこのためにどれだけ苦労していると思っているんだ。そんなこと社長がわからずに言うようじゃダメだよ、社員に感謝しなさい」

と言われました。

翌日、東京ドーム興行に関わった人間を集めて、金田さんに叱責されたこと、あれだけの大選手・大監督でもロッテ時代は観客が入らなくて本当に悔しい思いをしてきたこと、そして我々がついに金田さんが成し得なかった夢を成し遂げたことを話し、改めて社員の皆の努力に感謝したいと伝えました。

その後、東京ドーム興行は、隔年スパンで実施しています。

■「従来ではあり得ない」をやぶる

ロッテオリオンズ誕生50年目の記念行事を開催した際に、球団レジェンドとして村《むら》田《た》兆治《ちょうじ》さんと落合博満《おちあいひろみつ》さんを招いたイベントを実施しました。私はまったく気にしていなかったのですが、長く球団に在籍している社員からすると、絶対に従来ではあり得ないことだったのです。

きっかけはイベントをやろうとなったときに、そうなると三冠王をとった落合さん、そして「マサカリ投法」で知られる村田さん、このお二人が誰しもが知っていて納得感のあるレジェンドだと考えたことでした。

村田さんには何回もセレモニーで投げていただいたりしていましたが、落合さんはマリーンズになってからは、まったく接点がなかったと聞いていました。そのため落合さんに声を掛けるのは、みんな躊躇《ちゅうちょ》していたようでした。何の人脈もないし、どうすればいいいんだろう、といった感じでした。

そこで真正面から事務所に電話し、中日ドラゴンズ経由で連絡先を聞いたりしました。結果的には落合さんから快くOKをいただきました。

「昔なら大反対されていた企画。あんなことできるのは、山室さんだけです。でもそれぐらい皆の意識が変わったということです」と社員から言われました。

実際にファンの方にも喜んでいただけました。落合さんは本当のビッグネームですし、それまでマリーンズとなかなか結び付いていなかったこともあり、すごい人が来たと認識されたのだと思います。落合さんにはロッテ愛を語り、スピーチもしていただき、よいイベントだったと思います。

■「表彰制度」を設けてモチベーションアップ

日々の仕事をより「面白い」と感じてもらうために力を入れた施策が、もうひとつあります。**「表彰制度」の整備です。**

「表彰制度」と聞くと「物やお金をちらつかせてメンバーの頑張りを引き出すのか」と否定的な見方をする人がいますが、それは少々ひねくれすぎです。「頑張った人を称《たた》えるための制度を整える」のですから、否定的に見る必要はありません。

表彰制度を整備するにあたって私がとくに心がけたのは、**「メンバー全員に公正に表彰が行き届くこと」**です。

多くの会社は、売上に直結する業務を担当する「直接部門」と、直接部門をサポートする「間接部門」とで成り立っています。

製造・開発・営業といった直接部門は成果を数字で示しやすいのですが、人事・総務・経理などの間接部門の実績はなかなか数字で示しにくく、そのため表彰制度を敷いている会社でも、間接部門は最初から「表彰の対象外」になっていることが多くあります。

しかしそれでは、間接部門だって面白くないでしょう。彼らだって、直接部門が快適に働き、売上を上げることのできるよう、日々サポートしているのです。

そこで私は、間接部門向けの賞を増設しました。

具体的には、上司への書類キラーパス賞、キングダム賞、スマホ依存賞、引っ越しはしばらくコリゴリで賞とか、一見何の表彰だかわからない賞もあります。

たとえば、書類キラーパス賞とは、難しい案件をさっと上司に回して、早く決裁したこと。スマホ依存賞は、スマホアプリなどによる集客企画をたくさん実施して、ファンをスマホ依存にさせたこと、などです。

中には「この程度で表彰されるの⁉」とメンバーから驚きの声があがる表彰もありましたが、「メンバー全員に表彰が公正に行き届くこと」が大切なのですから、それでいいのです。

ちなみに賞品は、500円程度の図書カードなど「軽め」。それでも、全メンバーの前で表彰され、拍手を受けながら賞品を受け取ると、誰もが皆誇らしげで、嬉《うれ》しそうな表情を見せてくれます。

表彰制度により、日ごろ仕事ぶりが見過ごされがちだった非正規社員やアルバイトの方が、最もモチベーションが上がりました。

いつも厳しい表情で、不愛想で苦情が来ていたような警備員さんが、警備しながらも笑顔で愛想よく語りかけるように来場者の誘導にあたるようになり、見違えるほどに変わりました。黙々と清掃をするだけだったアルバイトのスタッフの人が、傍《そば》を通った来場者に顔を上げて笑顔で挨拶してくれるように変化しました。

一部の管理者からは、大量に表彰されすぎて意味がないという意見もありましたが、あえて強行して継続しました。

褒められすぎて照れる人はいても気分を害する人はいません。表彰状をSNSにアップしたり机上に飾ったりと、気にしていない態度をとりながらも皆、喜んでいました。

上司は毎月の表彰者探しが義務付けられたために、常に部下のよいところを探すようになり、さらに部下に関心を持つようにもなりました。部下は、上司や周囲からちゃんと見られているという意識が芽生えたことが成果だったと思います。

縁の下の力持ちこそ、表彰で報いる。すると組織全体が一気に活性化します。

他人からの情報は過度に当てにしない

■「外からの情報」は過度に当てにしない

スポーツビジネスは、外から実態があまり知られていないということがあります。大半の情報はメディアからの情報であり、その情報も球団がメディアと連携し、よりメディア注目度が高くなるように工夫したものが多いものです。

たとえば小さな成功事例をマーケティングとしてあたかも事前に予測していたかのごとく後付けで話を盛っているケースなどがよくあります。またチーム強化に関する事前情報は、あらゆる人が送ってきて収拾がつかないほどです。

これは外にいたときだけでなく、実際に中に入ってからも同じ。どの情報が本物かは誰にもわかりません。ただし内部には情報蓄積があるので、ある程度のスクリーニングができ、専門家もいるので、それを総合的に見定めるのが仕事となります。

ビジネス面でよく話題になる話として、レジェンド的な有名スター選手を獲得する場合のビジネスへの影響があります。具体的には、グッズの販売が上がって元がとれるとか、来場者が増えるとか、ニュース性があって宣伝効果で十分元がとれるとかいう話があります。

このような話は、実際に球団の中に入っても「人気選手だからグッズ販売で元がとれる。ファンを集められる」などと獲得を勧める人も一部いましたが、どう考えても投資対効果で採算に乗らないようなケースばかりでしたし、実際にそのような基準で選手を獲得する球団はほとんどないのではないかと思います。

結果として、**スポーツチームは、メディア注目度が高いだけでなんら一般の会社と変わらないさまざまな分野の集合体であり、何ら特別なビジネスの世界ではなかった**というのが本音です。

■できない社員なんていない

みずほ銀行では、ある支店で前任者より仕事ができないと言われたものの、威圧的な管理で能力を発揮できていなかった社員（Aさん、Bさん）がいました。

自信を失って元気のない2人に、「『こんなことができたらすごい』と思うようなぶっ飛んだアイデア出してみろよ」とけしかけました。2人とも最初は常識的な意見しか出してきませんでしたが、「半分は『夢物語』、半分は『もしかしたら』くらいの軽いノリでいいから」と背中を押しながら、ディスカッションを繰り返しました。

日々2人の目の色が喜々として楽しそうに輝き、仕事にのめりこんでいくのが手に取るようにわかりました。

本人の強みを見極め、Aさんは法人新規、Bさんは大企業を担当させた結果、高いパフォーマンスを発揮。表彰制度などにより称賛することでさらに伸びました。Aさんは法人新規分野で表彰を受け、Bさんも本部や本社からも非常に高い評価を受け、組合執行部に転身しました。

担当者が仕事を苦痛でなく楽しみを見つけられれば、顧客にいい提案をし、実績につながるといった好循環が発生します。

マネジメント次第で社員は大きく成長するのです。

少し話はずれますが、銀行員が自信をなくす大きな要因は何かという話題で、よく「営業成績ですか？」と聞かれますが、そうではありません。

銀行は、7〜8年目、年齢的には30歳になる直前で第1次選抜があります。それまでは、全員ほぼ同じラインにいます（実は人事考課で差はついています）。

しかし、この第1次選抜で約7割の人が選抜ラインから外れることになります。当然リベンジすることは十分可能ですがそこで一気に脱落感が訪れます。

東大や京大など、一流大学を出て一流企業に入って自分はエリートだと思っていた人が、30歳前後で人生で初めて大きな挫折を味わい、自信を失い、本来の力を発揮できなくなってしまう例も多く見てきました。

■事前の引き継ぎ内容は当てにならない

引き継ぎをする際に、事前に上層部・幹部、あるいは前任者から、次の職場の組織風土を聞くことがあると思いますが、それらはおおむね間違っており、実態を反映していないことが多かったものです。

たとえば、ごく一部の人の行動で、一罰百戒的に叱責されるケース。

銀行の場合、事務的なミスが多いと、「この組織はダメだ」という評価をされることが多いです。銀行では、ファックスの誤送信やメールの誤送信は、個人情報に関わるので厳しく判断されますが、たまたまそれが重なったりして、悪い印象がついてしまったようなことがあります。実態をよく見ずに「○○だからダメな支店」などと単純化して色分けしようとします。

印象が悪かったけど、行ってみたら実はそうでもなかったとか、あるいは違う面で見たら優秀だったということも多いでしょう。**そのため、他人の評価は参考程度にするようにしています。**

逆に、高く評価されすぎている場合もあります。

具体的には、特定の人物だけが成果を出しているけれども、実際にはそこまで組織全体としてはうまく回っていないというケースです。

また、大口案件で営業実績が上がっていて素晴らしいというのはわかりやすくはありますが、営業は多分に運の要素もあり、よく聞いてみると、前からあった案件がたまたまその時期にまとまったなど、その人のときにたまたまうまくいったというようなものもあります。

もちろん運も実力なのですが、それだけで全面的によい評価をするほどのものでもないと思います。あえて褒められているのをけなす必要はないですが、このあたりの事情は現場で一緒に働いている人たちが一番よくわかっています。

基本的に外からの評価は当てにならず、現場に行かないと正しい評価はわからないと考えるべきです。

■人間にはどうしても相性がある

人間には相性があり、「合う・合わない」があります。上司とどうしても合わない人間の場合、誤解を受けたり、低く評価されたりするものです。

あるとき、みずほ銀行で「あいつはこんなミスをした。ミス自体は許せるがその原因を理解していない。柔軟な対応ができないし、頑固。くわえてやる気がない」と前任者から酷評されていた部下がいました。

しかしよく話を聞いてみると、彼にも言い分があるようでした。信頼されていないのはわかっているので、余計なことをすると叱責されると思い、指示通りにしただけだということでした。

学生時代から優秀・頭がいいとチヤホヤされてプライドの高い人が多い銀行員が一度自信をなくすと、一気に無気力に落ち込んだり、ニッチな専門分野に逃げ込んだりすることが多いものです。

彼は、任せられ信頼されていると感じてからは自信を取り戻し、自分で考え仮説を立て、仮説のもとで自発的に行動するようになり、仕事を楽しむようになりました。するとほんの短期間で非常に優秀な営業担当に生まれ変わり、全国で新規開拓の賞を受賞するほどにまで成長しました。

人は些細《ささい》なきっかけで生まれ変わります。

銀行員の中には、くさっている人もいますが、それはやる気がないのではなく、過去に何度も上司の指示のもとで失敗して、責任転嫁され、叱責され、自信をなくすことを繰り返していることがほとんどです。

中には、支店長から声さえ掛けてもらったことがない人もいますが、ただそれは支店長が100%悪いというわけではなく、中規模な支店でも100人ぐらいはいるため、任期2年の支店長でフロアも別のフロアにいたりすると、あまり話す機会がない人も出てくるという不幸な場合もあります。

リーダーが分け隔てなく普通に接する、たとえば、ランチミーティングでほんのつまらない愚痴や家庭の話を聞いてあげるだけで、パフォーマンスは大きく変わります。

■失敗は責めない

私の場合、失敗は本人が反省し、理解していれば責めません。しかしこれは、たとえば銀行などでは特殊だと思います。

銀行も方針としては、失敗に対して責めないとは言っていますが、詳細な顚末《てんまつ》を書かせ、周到な再発防止の方針を作ったりするなど、有形・無形の負荷がかかったりします。個別に責めたりはしないですが、文化的には責める風土があります。小さなミスで大きく信用を失うことになりかねないため、ミスは許されない業界であり、やむを得ない面はあります。

反省している人に対して、そこで追い打ちのようにしてもマイナス効果でしかないと思っています。自分自身がそういう落ちこぼれの銀行員でしたから、ミスに追い打ちをかけても、さらに自信をなくしていくだけなのは、実体験的にわかっていました。

意味のない責め方は当然しません。

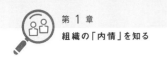

失敗の原因となった行為や考え方に対して注意はしますが、チャレンジして失敗し、失敗の原因を理解していれば何にも責めはしないし、そこに問題点がなければ「運が悪かったな」と割り切ります。

それを繰り返すことで、メンバーがどんどんチャレンジしようというふうに思えるからです。

「コンサルタント」に頼らない

■コンサルタントは社内の「しがらみ」に縛られない

前に、「会社」という組織について、「気心の知れない人間同士が、利益を追求する集団の中に放り込まれ、1日何時間も一緒にいる」と述べました。

「気心の知れない人間同士」でともに「利益を追求する」のは大変。会社員は皆、会社内の人間関係をうまくやりながら、自分や部署に課せられた目標を達成するために奮闘します。

その中でいつの間にか、「会社内の人間関係をうまくやる」ことに重きを置きすぎるあまり、本来の目的である「利益の追求」とは真逆の方向に走ってしまったり、正すべき行動を見て見ぬ振りして、「ことなかれ主義」で「前例踏襲」と流してしまっ

たりするようになることがあります。

社外の人間であるコンサルタントはその点、社内のしがらみに縛られず、客観的に現状を分析し、戦略を組み立てることができます。とくに、現場の現状に「行き詰まり感」を抱えているリーダーであれば、コンサルタントが描いたレポートに「その通り！」と膝を打ち、「さすが優秀なコンサルタントだ」と唸《うな》ることもあるでしょう。

ただ私は、組織の運営をコンサルタントに委ねすぎるのは危険だと考えています。

■会社は「理路整然とした論旨」だけでは動かせない

確かにコンサルタントのレポートは、理路整然としていて美しい。結果を出すための道筋が極めて論理的で、説得力も十分です。

しかし往々にして、あまりにも美しすぎるのです。時には「人間が働いている」という大前提すら忘れているのではないかと感じることもあります。

たとえばレポートに「収益を伸ばすには○○営業力を高めなければいけない。それには○○市場分析をし、戦略的に○○ターゲットに絞り込んで、管理手法は○○」と書いてあるとしましょう。

しかしそもそも現場の営業担当の目が死んでいてスキルが軒並み低く、モチベーションもなく、新しいことにチャレンジする意欲も乏しく、営業力の向上が見込めない場合はどうしたらよいでしょう。全員の首を切ってすげ替えるのはあまりにも乱暴です。だから彼らを育てるしかありません。

現場の営業担当一人ひとりが何にモチベーションを失い、どんなスキルが足りず、どんなスキルから身につければ営業力が高まるのか。外部のコンサルタントはそこまで探り、寄り添うことはできません。現場の営業担当だって、知りもしない人間に自分の弱みなど話したくもないからです。


くわえてコンサルタント自身も、成果が上がったことは自分たちの手柄として、上層部にパワーポイントを駆使した立派なレポートで報告し、ダメな部分は現場の責任にしているという姿勢が、社員からは透けて見えていました。だからコンサルタントと現場との信頼関係はまったく生まれませんでした。

上層部からの押し付けのコンサルの場合、その期間だけ、表層的にコンサルの指示に従っているだけで根本は何も変わりません。自分の頭で深く考える責任を放棄してひたすら従うだけです。ですから、基本的に定着しないことが多いです。

そもそもコンサルタントは優秀でロジカルで弁の立つ方々なので、長年現場でオペレーション中心に業務をしてきた人たちは、「そうは言っても上手く言えないけど違うんだけどなー」とうまく気持ちを伝えることもできずに簡単に論破されてしまいます。

それではお互いの関係性が築けるはずがありません。

理路整然とした論理だけでは動かし切れないのが「会社」という組織です。

それゆえ、とくに組織が成熟しておらず、自分の考えがあってコンサルと対等に議論できる人材がいない場合、コンサルタントに頼るのは危険だと思います。

最終的にその特殊な組織を動かすことができるのはやはり、日ごろからメンバーと密にコミュニケーションをとっているリーダーなのです。

コンサルタントとの付き合い方

コンサルタント

- 美しすぎるレポートなどでプレゼンするため、現場社員と寄り添えない
- 成果は自分たちの手柄、ダメな部分は現場の責任にしがち

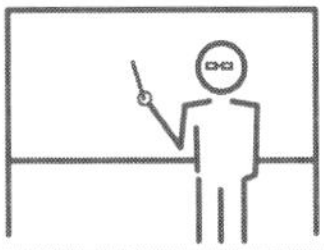

現　場

- やる気を失っているとコンサルタントに心を開けない
- 理論ではコンサルタントに勝てないので閉口してしまう
- 自分で考えず、従うだけ

（組織の成熟具合によっては）

コンサルタントに頼るのは危険！

第 2 章

組織を「導く」

自分なりの「改革案」を押し付けない

■どのような仕事も「人間」が取り組むものと心得る

新しく組織を任されたリーダーは、十中八九、張り切ります。

銀行の支店長は在任期間わずか2年間ですぐに結果を出すことを求められます。したがって、つい自分の方針・考えを部下に押し付けて、トップギアで発進したがります。

私自身、銀行時代に新たな支店を任されたときや、マリーンズの球団社長に就任したとき、エスパルスの社長に就任したときはいずれも「よし、やるぞ」という気分になりました。

張り切るのは素晴らしいことです。ただ、張り切るあまりに、「自分流のチームづくりをしよう」なんて考えるのはやめたほうがよいと思います。

チームは、人間一人ひとりがつくり上げる有機体であり、生き物です。一人ひとりが何を考え、どのように動いてきたのかを無視して、新しいトップがいきなり、自分なりの「改革案」を押し付けると、チームは瓦解《がかい》します。

だいたい新しいトップは皆必ず「改革」「変化」をお決まりのように口にします。

そもそも改革される側に立ってみたら、完全に過去の仕事を否定されるわけですから、大きな迷惑です。

喜んで受け入れる人は稀《まれ》だと思ったほうがいいです。

だからこそ私は、どのような組織のリーダーを任されたときも、まず、メンバー全員の「生の声」を聞くところから仕事を始めます。

「銀行の支店長」と「プロスポーツチームの社長」とでは仕事がまったく違うのだから、リーダーとしてのスタンスも変わるのではないかと感じる人もいるかもしれません。しかし私は、基本的には変わらないと考えています。

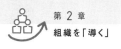

仕事の内容はまったく違いますが、どちらも一人ひとりの「人間」とともに取り組む仕事。リーダーとしてのスタンスは、銀行時代もマリーンズ時代も変わりませんでしたし、エスパルスに移っても変えるつもりはありません。

■「上がこう言っているから」では、人は動かない

銀行はとくに、中央集権的な組織です。極端にいえば、各支店がそれぞれに自分たちのカラーを出し、好き放題な方針を打ち出し始めたら、銀行のトップは困ってしまいます。そのため銀行の支店長は、「自分なりの改革案」なんて出しようもないくらいに、上からがんじがらめに固められているのが一般的です。

ただしそうかといって、「上がこう言っているんだから、その通りにする」では、チームは動きません。チームをつくっているのは一人ひとりの人間であり、人間には感情があるからです。その中で「支店長」として、何ができるか。

それはやはり、

・メンバー全員の「生の声」を聞く
・メンバーに楽しんで仕事をしてもらう

の2点に集約されると、私は考えます。

どの支店長を任されたときもメンバーに伝えていたのは「表彰をとろうぜ」ということ。「表彰をとる」という言葉からは、なんとなく「数字を伸ばして評価を得る」イメージを受ける人もいるかもしれません。そういう面もありますが、ただ「スポーツチームのように戦術を立てて、各ポジションが知恵を出し連携し合って得点をゲットする」というゲーム的な面白さが生まれるのも事実です。

「みんなが面白がる目標」が生まれるのは、とても大きく、一人ひとりのモチベーションも高まりますし、協力し合う雰囲気も生まれます。

自分なりに「改革」するのではなく、会社にすでにある「表彰制度」をスポーツチームでリーグ戦を共に闘う感覚をみんなで目指す。実にシンプルなやり方ですが、会社もチームも、一人ひとりのメンバーもみんなが幸せになる、なかなかの施策です。

■「理念」や「ビジョン」より、「メンバーが楽しめる」を重視する

マリーンズに移ると、「一支店」ではなく、「会社全体」のリーダーを任されることになりました。しかし、私のスタンスは変わりませんでした。

根底には、**「経営理念やビジョンなどは、トップがメンバーに押し付けるものではない」**という私の考えがあります。

会社にはそれぞれ、「自分たちの会社がどのような活動をして社会に貢献するのか」を示す指針である「経営理念」や「ビジョン」があります。会社を経営するうえで、とても重要です。

しかし、銀行時代にさまざまな企業を見てきた経験をもとにお話しすると、その「経営理念」や「ビジョン」がどんなに立派であっても、それだけで業績が良好な会社などありません。逆に、「理念」や「ビジョン」は、当初は存在していなくて、業績好調になったときに後付けで定めている会社も多いのが実態ではないでしょうか。

銀行員としてさまざまな社長とお会いする中で、「創業社長」と「2代目、3代目

社長」「サラリーマン社長」とでは、経営理念やビジョンのとらえ方・受けとめ方に大きな差があると感じることが多くありました。

その差はひとえに、「自らが苦しみ、体験したうえでたどりついた指針」か「他人が考えた指針」かです。指針のあり方として、形骸化しがちな後者よりも、前者のほうが生きたものになるのは明らかですが、何よりも後者のリーダーは指針を得るに至る経験がないからです。

ならば、形骸化した経営理念やビジョンを重んじたり、自分の「このような会社にするんだ」という理想を押し付けたりするよりは、現実に毎日働いているメンバーの声に耳を傾け、メンバーが楽しめる仕事を増やすほうが、高いパフォーマンスを発揮できるのではないか。私はそう考えます。

リーダーの仕事は、現実に目の前にいるメンバーがどうすれば働きやすくなり、どうすればより楽しく働くことができるかを考え、そのためにタクトをふることです。「自分の理想をメンバーに押し付ける」という考え方は極めて不遜であり、捨ててしまうのが賢明です。

メンバーの「プライド」を守る

■震災後に起きてしまった「大規模システム障害」

どのような仕事も、お客さまがいなければ成り立ちません。

任されるチームのメンバー一人ひとりが人間ならば、お客さまもまた人間。仕事をする中では、お客さまとの間にさまざまなトラブルが起こり得ます。

メンバーのミスによってトラブルが起きたのならば、お客さまに素直に詫び、チームとして「なぜミスが起こったのか」「どうすれば再発しないのか」を話し合えばそれでよいでしょう。

リーダーとして気をつけたいのは、メンバーにまったく非がないのにもかかわらず、お客さまによってメンバーのプライドが毀損《きそん》されることです。

なぜなら、働くモチベーションそのものを失ってしまうおそれがあるからです。

2011年の東日本大震災は多くの企業・人々に甚大な打撃を与えました。当時、私が支店長を務めていた渋谷中央支店も大きな揺れに見舞われ、東北にいる親族や友人が被災した行員もいました。

くわえてみずほ銀行は震災直後、ひとつの汚点を残します。当初、義援金の口座としてみずほの一口座のみが多く指定された結果、その口座に義援金が集中し、システムが不具合を起こしてしまったのです。誰もが大変な事態に陥る中、多くの方々が善意を寄せてくださったのに、それに耐えられるシステムをつくれなかった。忸怩《じくじ》たる思いです。システム障害によって、義援金の口座どころか、すべての口座が一時、止まってしまうという事態が起きました。口座に預金がある人も、預金が下ろせなくなってしまったのです。

国難が起き、現金が必要なときに、現金を下ろせない。システム障害は大きな混乱を巻き起こしてしまいました。

もちろん、みずほ銀行に勤めている以上、窓口に立つ行員は、ひっきりなしに押し寄せるお客さまに対して謝罪する義務があります。

「自分のお金なのに、なんで必要なときに下ろせないんだ」

そのお客さまの怒りはもっともです。

窓口に立つ行員たちは、自身に非がないシステム障害が起き、また自身も震災の影響を少なからず受けている中、日々、みずほ銀行の人間として、お客さまに心からの謝罪を続けました。

そんな折、あるでき事が起こりました。

■制度の悪用が行員に疑心暗鬼と自己嫌悪を生んだ

銀行には「特例払い」という制度があります。戦争や大災害などの有事が起こってシステムがダウンしてしまったとき、お客さまが通帳やカードなど、その銀行に口座があることを証明できるものを持参すれば、預金額の中から10万円を払い出す制度です。言ってしまえば「非常事態が起こったときの緊急措置」です。

大学を卒業して第一勧業銀行に入行したとき、研修でそのような制度があることは教わっていましたが、正直、「自分が生きているうちに発動することはないだろう」と高をくくっていました。しかし震災後のシステム障害によって、まさに「発動条件に適合する事態」となってしまったのです。

銀行員には「勘定が1円でも違ったら大事件。勘定が合うまで帰れない」という厳しい文化があります。その中で、残高があるかどうかわからないお客さまにまでお金を払い出し続けるのは、かなりのストレスです。

自行のシステム障害に大きな原因があることはわかりつつも、「このお客さまは、本当は口座に残高がないのに『10万円もらえる！　ラッキー』くらいの気持ちで自分の前に並んでいるのではないか」なんて、よからぬことも考えてしまいます。

そして実際に、「悪意のあるお客さま」が現れました。

みずほ銀行のありとあらゆる支店を「ハシゴ」し、10万円を受け取ろうとするお客さまが出てきたのです。

震災が起こる前から、行員たちは毎日、何百というお客さまを見てきているわけですから、「この人怪しいな」という人はなんとなくわかります。

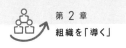

しかしシステム障害が起こっている現状では何の証拠もありませんし、「本当に被災して困っているのかもしれない。そのような方を疑うなんて自分はなんて心の狭い人間なんだ」と、むしろ自分を責めたりするようにもなります。

支店全体に「疑心暗鬼」と「自己嫌悪」の雰囲気が漂い、空気が荒《すさ》んでいくのを感じました。

このままではまずい。そう思って私は2つの策を打ちました。

■「お疲れさま会」で感謝と敬意を伝える

ひとつは、毎日の業務終了後、支店全体で「お疲れさま会」を開いたことです。

私は毎日、心の中にさまざまな葛藤を抱えながらも、お客さまを相手にその葛藤を見せることなく、笑顔で「特例払い」の業務を遂行し続ける行員たちのプロ意識の高さを誇らしく感じていました。

ただ、窓口が閉まった後は、目に見えて疲労の色があります。彼らの疲れを癒やすには、私がただ彼らのプロ意識の高さを誇らしく感じるだけでなく、その気持ちを

「言葉」と「行動」で伝えなければならないと考えました。

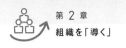

そこで私は、若手行員に近くの美味《おい》しいと有名な店に、女性が喜びそうなスイーツを買いに行ってもらい、ジュースを買い込み、毎日、毎日、業務終了後に「お疲れさま会」を開きながら、大変な業務を遂行し続けてくれることに感謝の意を示すことにしたのです。

「根本は、システム障害を起こしてしまった銀行に非がある。しかし皆さんの対応のおかげで、被災して本当に困っている人たちを助けることができている。さまざまな支店をハシゴしてそれぞれの支店で10万円を受け取っているごくごく一部の人に対する処置は、こちらでしっかり考えるから待ってほしい」

昼間はどんなにつらいことがあっても、プロとして対応し、終業後には「お疲れさま会」でそのつらさを癒やし合う。このような綱渡りの日々でしたが、システム復旧までの間、行員たちはなんとか凌《しの》ぎ切ってくれました。

苦しい状況の中、メンバーがプロとして役割を果たしてくれているのであれば、その頑張りを真正面から見つめ、称えるのもリーダーとして必要なことです。

リーダーのねぎらいが、メンバーがプロとしての「プライド」を持ち続けることにつながるのです。

■行員を守るために「再発防止策」をひねり出す

さて、話がここで終わってしまっては、行員たちに伝えた言葉が嘘になってしまいます。**私は2つ目の策を模索しました。「ハシゴ客」の明確化です。**

預金を担当している現場の行員と、「何とかできないのか」「何かアイデアはないか」と毎日議論していたところ、ある女性行員が「支店長、このシステムは動いているんですけどね」とつぶやきました。すなわち、口座の引き落としや預け入れなどを担う「勘定系」のシステムこそダウンしてしまっていたものの、お客さまの属性（住所・利用サービスなど）を溜《た》め込む「情報系」のシステムはかろうじて生きていることがわかりました。

この「情報系」のシステムを工夫して活用すれば、「誰が何月何日何時何分にどの支店に来て、特例で10万円を払出したのか」を複数の支店間で共有することができることもわかりました。

するとこれからは、「ハシゴ客」が来たときに「念のため確認ですが、30分前にも○○支店で申請されていますよね?」と確認することができることになります。この確認があるだけで、後ろめたいことをしている人はすぐに逃げ帰ってしまいます。簡易的な措置でしたが、大きな効果がありました。

この方法を本部に上げ、多くの問題意識ある支店でこの方式が徐々に拡大していきました。いつしかこれは「渋谷中央方式」と呼ばれるようになり、少なからず不正に取得する輩《やから》を排除することに役立ちました。

メンバーの「プロ」としてのプライドは、徹底的に守る。この姿勢を貫き続けることで、困難な状況でも解決策を見いだすことができます。

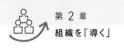

95%の案件は「検討の価値あり」と考える

■ファンサービスの拡充は「社員のアイデア」の賜物

２０１７年に誕生したマリーンズの公式キャラクター「謎の魚」。どのようなキャラクターなのか、文章でお伝えするのはとても難しいのですが、一言でざっくりといえば「気持ち悪いキャラクター」です。

「謎の魚」は第１形態から第５形態までの５段階あります。

第１形態はまだ「キモかわいい深海魚」といった風情の、まあ「普通」の範疇《はんちゅう》に入るキャラクターなのですが、第２形態では足が生え、第３形態では魚の口から骨だけが飛び出して自由自在に走り回ります。

繰り返しますが、一言でざっくりといえば「気持ち悪いキャラクター」です。

ただ、その「気持ち悪さ」がファンの心をつかみ、今ではすっかりマリーンズを代表するキャラクターとなりました。

「山室さん、よくあのキャラクターにOKを出しましたね」

登場したてのころはよく、他球団の方やスポンサーさんから面白半分に声を掛けられたものですが、結果としてここまでファンに受け入れられたのなら大成功でしょう。

「謎の魚」に限らず、千葉ロッテマリーンズ時代のファンサービスは、社員たちの豊富なアイデアに助けられました。

第1章でご紹介した「みんなで『恋するフォーチュンクッキー』」を皮切りに、「セ・リーグ対パ・リーグ」という対立の構図を煽る「交流戦ポスター」、毎月行われるファン感謝試合である「マリンフェスタ」、マリンスタジアムでビールの売り子をしながらアイドル活動を行う「マリーンズカンパイガールズ」など、さまざまなアイ

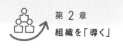

デアが現実のものとなり、ファン拡大、そして赤字体質改善へとつながっていきました。

驚いたのは、これらを含めた多くのアイデアが、私の就任前にはほぼ「門前払い」状態で却下されていたらしいということです。

社員のアイデアを、大して検討もせずにボツにするのはあまりにももったいない、私は常に**「95％の案件は『検討の価値あり』である」**と考えています。どんどん検討し、積極的に採用するべきです。

■エスパルスで行ったエイプリルフール施策

エスパルスでは、エイプリルフールには、もともとイベントをやっていたらしいのですが、私が社長に就任した2020年は、「社長が用具係に転身したということをやりたい」という現場からの発案があり、快諾しました。

しかし、タイミングなどでかなり悩みました。

当時は新型コロナウイルスの感染が拡大し始めており、世情はピリピリとしていました。こんなときにやるのは不謹慎ではないか、という懸念があったからです。でもこういう時期だからこそやろうと考え、実行しました。「とにかく話題になるようなことをSNSで発信しよう」という社長指示は出しており、その一環としての取り組みであるため、やらなければいけないというのもありました。

用具係就任の書面や退任の挨拶、用具係としてのスタッフプロフィールを作り変えたりするなどの仕掛けだけでなく、実際に動画も撮って配信しました。

不謹慎であるという意見や用具係をばかにしているという意見も踏まえ、私が実際に靴を洗ったり、荷物を運んだりしたことを動画にしていたことで、好意的にとられ、反応も好意的なものが多かったです。

実際、あるメディアからも「この時期はこういったニュースがあってもいいですね」と反応していただけました。

また、「ブラジルデー」というのも行いました。

コロナの関係で、かつてエスパルスにいたブラジル人選手の顔写真が入ったTシャツを配るとか、飲食でシュラスコを提供するとかくらいしかできなかったのが残念でしたが、本来は、これにくわえて、ブラジルのサンバのダンスチームを呼んできたりと、いろんな大々的なザ・ブラジルともいえるプランを考えていました。

他にも、清水が日本一のマグロの水揚げ港ということで、「まぐろＤＡＹ」というイベントも行いました。このときもマグロの解体ショーを検討していましたが、コロナの関係で開催できないのは残念でした。

■選手との協力体制をつくる

プロ野球では、球団ごとに選手でつくられる選手会というものがありますが、従来、選手会とのミーティングは、年１回程度の開催でかつ形式的でした。それを私が社長に就任してからは、原則毎月開催にしました。

最初の数回は社長主導で開催し、意見交換をしていましたが、基本的には社長や本部長などは参加せず、選手と同世代の若い職員が中心に運営。これにより、選手からも自由な意見が出て、いろいろな要望や疑問も職員から説明し、相互理解と協力体制が深まりました。

ヒーローインタビュー表彰、勝利の後のコール&レスポンスのWE AREや、マリーンズカンパイガールズのアイドル化、売り子選手権の開催も、皆、現場の担当者発です。

ほかにも、他球団にはないサーフィンブランドとコラボした奇抜なデザインのサマーユニフォームの導入や、引退試合で選手全員が背番号9（福浦和也《かずや》）、6（井口資仁《ただひと》）着用、マリンフェスタで選手が自分のニックネームを入れてプレイ（「ボルシンガー選手＝トンコツ」「井上晴哉《せいや》選手＝アジャ」など）するのも、話題性があり、選手もノリノリでした。

これも球団側と選手（選手会）側との理解が深まったのが一因としてあると考えています。

ちなみに、ヤクルトにFA移籍した成瀬善久《よしひさ》選手に対して、人的補償ならぬ鳥的補償でつば九郎を要求したのは、FA制度の補償の仕組みさえ知らなかった私のボケから出た個人技です。

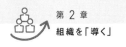

■いっけん「怪しい投資話」が200億円のビジネスを生み出した

法人営業を担当する銀行員の仕事は、「法人への融資額を増やす」ことです。返済の当てもない企業にジャブジャブとお金を貸してしまっては、倒産して逃げられてしまいます。一方で、お金が潤沢にあり、「返済の当てが十分にある」企業は、そもそも「銀行にお金を借りたい」なんて考えません。

銀行に「お金を貸してくれ」と願う目の前の企業が本当に大丈夫なのかどうか。その見極めが、銀行員の腕の見せどころです。

日本橋支店で法人営業を担当していたときのことです。

ある会社の社長さんが「いい事業プランがあるので融資かお客さんの紹介をしてほしい」と申し出てきました。

売上高2億円ほどの零細会社なのですが、利益も赤字体質。借金も同じく2億円ほどあります。普通はこれだけで「丁重に門前払い」です。実際、他行ですでに融資を断られたうえで、昔の知人づてに私を紹介されたようです。

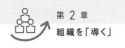

私は、「なぜ業績がそんなにもボロボロなのに」が気になり、話を聞いてみることにしました。

するとどうやら「運転資金に困ってお金を借りたい」わけではないようです。詳しく話を聞けば、「太陽光発電のプロジェクトを進める権利を持っている。しかしそのプロジェクトを進めるには200億円かかる。プロジェクトは確実性が高く、2億円の累積債務も、200億円の借り入れもすぐに返済できる。なんとか銀行さんに融資をしてほしい」とのこと。

いかにもよくある投資詐欺話のようで、他行が融資を断るのも無理はありません。

ところが、話を聞くだけでは胡散《うさん》臭いことこの上ないのですが、私の頭の中で何かひらめくものがあり、慎重に調査し、裏をとってみると、どうやらその社長さんの話はあながち「でたらめ」ではないことがわかりました。

今でこそ太陽光発電は一般的なものとなっていますが、当時はまだ黎明《れいめい》期。しかしその会社は、北海道の中でも日射量の多い土地に大規模な太陽光発電システムを構える権利を確かに持っていました。太陽光発電は気温が低ければ低いほど効率がよく、北海道はまさにベストの土地。「プロジェクトがうまくいけば200億円なんて安いもの」という社長さんの言葉に、嘘はないようです。

ただ、そうはいっても、みずほ銀行の一支店がこの社長さんの話に丸乗っかりして200億円を貸し出すのは、あまりにもリスクが大きすぎる。そこで私は、自身の人脈を使い、アライアンス（利益を生み出すために複数の企業が協力し合う体制）を組んでくれる企業を探し回りました。

すると、「魅力的な話だ。200億円のうち1～2割ならば投資してもよい」と言ってくれる企業がだんだんと現れ、ついにプロジェクトを前に進められることになってしまったのです。

進みさえすれば、成功することはわかっています。結果的には、最初に「お金を貸してくれ」と申し出た会社も、リスクをとってアライアンスを組んでくれた会社も、そして銀行である私たちも、みんなの懐がしっかりと潤う案件となりました。

一目見るだけ、少し話を聞いただけでは門前払いされてもおかしくないような案件が100億円単位のお金を生み出す。このようなことは現実にあるのです。

検討の価値ありと判断した一例

みずほ銀行

・メガソーラー事業への投資

マリーンズ

・謎の魚
・みんなで恋するフォーチュンクッキー
・交流戦ポスター
・マリンフェスタ
・マリーンズカンパイガールズ
・ニックネームでプレイ

エスパルス

・エイプリルフール施策
・ブラジルデー

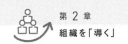

ほかの人が門前払いするような案件や、一見して「これはダメだろう」と感じる案件の中に、大きな宝が隠れています。

却下するのは、かすかな夢を抱いて実現可能性を十分に検討してからでも遅くはありません。

第3章

全方位を「お客さま」と考える

利害関係者はみな「お客さま」である

■役割上の「上下関係」と「接し方」は別物

私が「リーダーとして」以前に、「ビジネスパーソンとして」大切にしている心構えは、仕事で関わる人すべてを全方位で「お客さま」と考えることです。

プロ野球球団でいえば、球場に足を運んでくれるファンや、広告を出してくれるスポンサーは明確な「お客さま」です。

しかし、彼らだけでは球団運営は成り立ちません。

試合が行われていないときに清掃や補修をしてくれたり、試合前・試合中に球場を設営したり、警備したり、案内したり、整備してくれるスタッフ。球場での観戦に彩りを添えてくれる飲食店や飲み物の売り子さん。試合を報道してくれるメディア。グッズを製作してくれる会社など、「欠かせない存在」がそれぞれに役割を果たしてくれることで球団運営は成り立っています。

もちろん大前提として、自球団の職員・スタッフ・監督・コーチ・選手たちがいなければ試合を主催できませんし、相手チームがいなければ試合を開催できません。

「お金を払っている」
「仕事を発注している」
「雇っている」

そのような関係性でも私は、相手を「お客さま」と考え、丁重に接するよう心がけています。

世の中には、「自分より立場上偉い人に、または仕事をくれる人、利益をもたらしてくれる人に対してはこびへつらうように接し、自分よりも立場が下の人や、仕事を発注したり、雇ったりしている人にはぞんざいに接する」といった経営者も多くいると聞きますが、それは少しどうかと感じます。

「発注する」「受注する」「雇う」「雇われる」という契約上・役割上の関係性と「あなたがいなければ仕事が回らない」と相手を尊重し敬意を示す姿勢は、まったくの別物だと考えているからです。

利害関係者すべてを「お客さま」と考え、丁重に接しようと考えるようになったきっかけは、大学生のころに経験したある事にあります。

■「生き方」のモデルとなっている磯田一郎さん

私は、とても人見知りで、かなり無愛想な人間でした（今でも根本的な性格は変わっていないとは思います）。

そのため学生時代は、一緒にいる友だちや恋人に「機嫌悪い？……怒ってる？」と聞かれることも少なくありませんでした。そんな気持ちはまったくないのですが、黙っているとどうも、怖い印象を相手に与えてしまうようなのです。

ある日、入った喫茶店で、店員さんに普通にオーダーしただけなのに、「ちょっと店員さんへの態度が冷たすぎない？　感じ悪いから直したほうがいいよ」と注意されてしまいました。

「そんなつもりはなかったのになぁ」というモヤモヤを抱きながらも、「もしかしたら、これから生きていくうえでこれは、大きな問題かもしれない」と考えました。

学生時代のうちは、友だちにしても恋人にしても、「ある程度、気の合う人同士の関係」だけで人間関係を完結することができます。たまに私が怖く見えたところで、受け流して付き合いを続けてくれることでしょう。

しかし社会に出るとなると、そうもいきません。気心の知れない人と仕事をともにしたり、気の合わない人と仕事を継続しなければならない機会も増えるでしょう。**そのようなとき、自分では意識していなくとも相手に「態度が冷たい」と思われるような仕事の頼み方をしていては、うまくいかないことが多くなるのではないか。**私は自分の「無意識の態度」に不安を覚えたのです。

この悩みにひとつの答えをくれたのは、就職活動で出会ったひとりの男性でした。

後に住友銀行（現：三井住友銀行）の頭取を務めることになる、磯田一郎さんです。

磯田さんといえば、「住友銀行中興の祖」とも呼ばれる、伝説の頭取です。就職活動で住友銀行の採用試験を受けに来た私にとっては雲の上のような方が、待合室にひょっこっと現れ、私の緊張を和らげるために、気さくにいろいろな話をしてくださったのです。

磯田さんの接し方からは、自行の採用試験を受けに来た学生に対する、心の底からの敬意を感じました。「目上の人から目下の人に対する敬意も存在するのだ」と実感したと同時に、「もしかしたら今までの自分は、やはりどこかで、人に対する敬意が欠ける部分があったのかもしれない」とも思いました。そう思わせるほどに、磯田さんの人間性は温かく、大きかったのです。

以来、私は「磯田さんのような人間になりたい」と思いながら生き続けています。いつしか「怖い」「冷たい」と指摘されることも少なくなってきました。

■相手によって接し方を変えない

普段どのような生き方をしているかは、いざというときににじみ出るものです。そのときだけ取り繕っても、その人の真の姿は伝わらないと考えています。**そのため、普段から上役でも部下でも接し方を変えないようにしています。**

部下は尊敬する上司に大きく影響を受けます（これは脳科学でミラーニューロン効果というそうです）。上司がそのようなスタンスで接すると部下の信頼感を得られ、モチベーションが上がります。そのような接し方をすると回り回って自分にもいい結果がもたらされると思います。

私は相手によって態度を変えるのが苦手です。むしろ上司にはもっと気を使いゴマをするほうが得だとは思っていますし、できる人が羨《うらや》ましいとも思っています。

支店長時代にある創業経営者に説教されたこともあります。

「甘い。サラリーマンなら徹底的にゴマすれ。ゴマすって偉くなってなんぼだ。頭取や常務の靴を舐《な》めろ。自分のやりたいことは偉くなってからやる。偉くなってから変えればいい」（実はその社長も、そういったサラリーマン処世術ができずにスピンアウトして創業して成功したことは後で知りました）

上司や販売先に気を使い媚《こ》びるのは、ビジネスマンとして当たり前のことです。**ただ自分よりいわゆる下の立場の人に威張るのは、非常にカッコ悪いと私は感じます。**だからやらないし、部下にもやらせません。

これは社内だけではありません。セールスをしてくる会社は一生懸命情報を提供して関心を引こうと努力してくるので、いろいろな質の情報や経験を持っています。マリーンズやエスパルスの熱心なファンであることも多いので、ビジネス的な面からの貴重な意見が聞けたりもします。

それをわざわざ偉そうな態度をして、情報入手を遮断するのは、合理性に欠けると思っています。

営業は「売り込まない」のが最善

■営業とお客さまは本来「対等」である

利害関係者すべてを「お客さま」と考え、丁寧に接する一方、こちらが営業する立場のときにも、私は決して「下手《したて》に出すぎない」ように心がけています。

私は、銀行員時代によく「銀行員らしくない」と、言われました。

本音で悪気なく率直な意見を言うので、部下が隣で心配していました（ただ相手の深い部分に触れる発言・NGだけは事前にチェックしていました）。

銀行員に多い慇懃《いんぎん》無礼というよりも、ある意味「無礼講」を許してもらっていた感じでした。

世の中には常に、「需要」と「供給」があります。お客さまの需要を掘り起こし、供給するのが営業担当の仕事なのですから、お客さまと営業担当は対等な関係のはずです。**営業担当がお客さまに「お願いしますよぉ〜」とへつらいながら売り込む姿は本来、不自然なのです。**

営業の「鉄則」。それは「売り込まない」、すなわち「聞き役」に徹して、親しくなり情報を得ることです。

「営業はとにかく数をこなせ。ほら、まだ今月の目標には遠いぞ。もっとお客さまを訪問しろ。もっと電話をかけろ」

営業職の人は毎日、こんな言葉を上司から浴びせられているかもしれません。あるいはあなた自身が、部下にこのような言葉を掛けている場合もあるでしょう。

しかし私の経験上、「何が何でも売り込もう」とすればするほど、かえってお客さまは離れていくものです。特に私のような「話しベタ」が売り込みなんてできませんでした。

銀行員時代から私が続けている営業法は、とにかく「売り込まない」こと。とくに銀行での営業担当者時代は、「3回目の訪問までは一切、セールスはしない」と決めていました。

1回目の訪問は挨拶。2回目の訪問は先方の趣味などのプライベートな雑談に紛れ込ませて会社の実態情報を聞き、探り出す。3回目の訪問も基本的に「聞き役」に徹して同じですが、いくつかの仮説によるジャブは打っておく。でも何か些細な依頼があったときは相手が驚くスピード感で的確で確実な回答をしていました。これは先方が力量を試すために送ってきたテストのようなものです。

この「相手が驚くところ」がポイントで、内容もさることながら相手が期待する日数で回答して普通の営業担当、督促されて回答するのは最低と考えていました。

ここまで雑談を重ねて情報を秘《ひそ》かに蓄積し、相手に自分のことをよく知ってもらったところで、4回目にセールスをかける。このように商談を進めていました。

「それは時間が有り余っていた、古きよき昭和の営業手法だろう」と思われるかもしれません。実際、その通りで、否定の言葉もありません。ただ銀行の場合はとくに「商品」よりもまず「自分」を知ってもらうのは、有効な営業手法なのです。

なぜか。それは「どの銀行の商品も、内容に大きな差はない」からです。

■「どこから買っても同じ商品」をいかに売り込むか

銀行の場合、相手のニーズを掘り起こしたところで、提供する商品はどの銀行も似たり寄ったり。「この銀行から融資を受ける」という明確な理由がある場合はそう多くありません。

差がつくのは、「こちらの会社のことをよく知っている。何よりもこいつは仕事はできそうで信用できる」「君がそこまで言うのなら、この商品を試してみるか」と思わせる、営業マンの力量なのです。

商品の説明は、極端な話、パンフレットを読んでもらえればわかります。営業担当は商品の内容よりも、「自分が何者なのか」を積極的にプレゼンするべきです。

こんな調子ではありましたが、担当者時代も常に人の数倍の実績を上げ続けるトップ営業でした。

「ファンに愛されるチーム」をつくる

■「熱いファン」だけを見ていてよいのか

「千葉ロッテマリーンズのファンは熱い！」

新規入団する選手がマリーンズの印象を聞かれたとき、誰もが口にする言葉です。他球団ファンの間では「ほかにあげるべき特徴のない、印象の薄いチームだから、仕方なくファンの応援を褒めているのだろう」なんて言われることもあるようですが、それでも、冷めたファンばかりでしたら、決して「熱い」という言葉は選手から出てこないでしょう。

ファンが熱いのは素晴らしいことです。**ただし球団運営においてよくなかったの**

は、「熱いファン」に甘え、新たなファンを獲得しようとしてこなかった点です。

何があっても応援してくれる「熱いファン」だけを相手に運営するのは、確かに楽です。張り合いもあります。しかし新たなファンが増えないことには、観客動員数もファンクラブの会員数も収益も伸びない。

そこで私は、新たに「ライトなファン層」を引き入れる取り組みをすることを提案しました。

■「ファン」の範囲を自ら狭めてはいけない

長年応援してくれている熱いファンを優先するか、新規のファンを優先するか、球団経営にとって永遠のテーマです。できるなら両方の層を取り込みたい。誰しもがそう思います。

でも経営資源の乏しい弱小球団が両にらみの戦略は無理です。どっちつかずだと結局精彩を欠いた施策しか展開できません。明確にどちらに軸足を置くか二者択一で絞り込まないと戦えません。

ではどうするか？　答えは、ファンの裾野開拓です。

はじめは、一部の古参社員たちの猛反対に遭いました。

あえて、「熱いファン」を「古参ファン」、「新規のファン」を「ライトなファン」と言い換えると、反対の理由もなんとなく見えてくるでしょう。

どのようなスポーツでも、「古参ファン」と「ライトなファン」の間には溝が生まれるものです。

ふだんから熱心にJリーグを見続けているサポーターは、ワールドカップやオリンピック、アジアカップなどの日本代表戦のときばかり盛り上がるライトなファンを快く思わないものですし、2019年に日本で行われたラグビーワールドカップのときにも、ワイドショーの熱心な特集やテレビドラマなどでつくられた盛り上がりによって生まれた新規ファンを冷めた目で見る古参ファンもいました。

プロスポーツとしての歴史が古い野球ならばなおさら。メディアが盛り上げだしたり、チームが強くなったりした途端に応援しだすライトなファンに、古参ファンは厳しい視線を注ぐものです。

そしてその意識は、いつの間にか球団職員の間にも根付いていたのでしょう。**私が「ライトなファン層を引き入れたい」と提案すると、「総論賛成でも各論になると反対」というような反応で「これまで築き上げてきたマリーンズファンの文化を壊してしまう」と、実質的な反対に遭ったのです。**

その気持ちはわかります。ただ、古参ファンも永遠にファンでい続けてくれるわけではありません。事情があって球場に来られなくなることだってあるでしょう。古参ファンだけを見ていては、いずれ球団のファンはゼロになるのです。新たなファンを取り込まないことには、球団の未来はありません。

どんな「古参ファン」も、はじめは「ライトなファン」です。

私がプロ野球の虜《とりこ》になったのは、千葉ロッテマリーンズの球団社長を引き受けることを決めた後です。

学生時代はラグビー一筋。社会に出てからも、付き合い程度に球場でプロ野球を見ることはありましたが、思い入れを込めて球場に向かうことも、選手のプレイを見ることもありませんでした。

その私が、球団社長を引き受けるチームの試合を初めて見に、球場に足を踏み入れたときのことです。

マリンスタジアムで行われたナイトゲーム。すでに試合は始まっており、球場の外から大歓声が聞こえてきたのです。球場のゲートを通り、コンコースを歩いて、階段を上っていく。暗闇の先に光が見えます。そして暗闇を抜け、観客席に出た瞬間、夜間照明が煌々《こうこう》と照らす「特別な空間」が目の前に広がります。

まるで、突然自分がスポットライトを浴びて、観衆が皆フィールドではなく、自分を見ているのではないかと錯覚するような、不思議で特別な空間。しかしそれはやはり錯覚で、主役はやはりフィールド上の選手。スピード感あふれるプレイに観客は一喜一憂し、歓声とため息を繰り返す……。かけがえのないエンタテインメントだと感じました。

この時点で私は、紛れもない「ライトなファン」です。しかし私は確かに、「これからもここで野球を見たい」と思いました。

私のようなライトなファンを、古参ファンが敬遠することはあったとしても、球団が無視してはいけないでしょう。
私は社員たちに訴えました。

「古参ファンは確かにチームを愛してくれている。でもこのまま、古参ファンに甘えていてはいけない。チームにとって大切なのは、彼らのような熱いファンをもっと増やすことなんだ。新規ファンの取り込みは、一時的には古参ファンの意に反するかもしれないけれど、いつか必ずわかってくれる日が来る。ファンの裾野が広がり、来場者が増え、応援してくれる人が増えると、球団収益も上がり、結果、チームが強くなる。それこそが古参ファンが望むチームの姿ではないのか」

少しずつ、社員たちは理解を示してくれるようになりました。
ユニフォームの無料配布といったさまざまなサービスについても、「ユニフォームに釣られて来るようなファンは本当のファンじゃない」「いやいや、そこから本当のファンになってくれる人もいるだろう」という押し問答が何度もあり、激しい議論の末に決まっていきました。

「今いるファンを大事にしたい」「今いるファンを楽しませたい」という気持ちが強いあまりに、「新規のファンを取り込む」ことに二の足を踏む。「熱いファンに愛されるチーム」ならではの難しさを感じました。

しかし「新規ファンの取り込み」は、徐々に、そして確実に、チームの財政に好影響をもたらすことになります。これについては、後の章で詳しくお話しすることにします。

■ファンの動向を自分の目で確認する

今思えば、マリーンズを愛する熱いファンは、球団と自分を同化して考えて、自分たちも頑張ってファンを増やし、新しい仲間が増えて経営が向上していくことにまで強い関心を持ってくれていたと感じています。

経営が赤字であっても、そこに興味はないから選手を補強しろという方も多くいましたが、一方で、単に成績だけではなく、観客動員数・ファン数・経営状態にも強い関心を持って評価してくださる方も多々いました。これが人気球団の熱いファンとは違うところかもしれません。

ファン目線でのスタジアムへの動線確認の意味で、公共交通機関で最寄り駅まで乗車し、スタジアムまで徒歩で通勤していました。

街の雰囲気やスタジアム周辺の汚れ、夜に照明が切れていること、通路が冠水して歩きづらくなっていることなど、改善して当たり前のことを確認しながら歩いて通っていると、熱いファンに「頑張ってください」と挨拶をされたり、話しかけられたりすることも多かったです。負けたときに酒の入ったファン数人に取り囲まれて「何とかしてくださいよ～、やってられないですよ～！」と絡まれた思い出もあります。

くわえて、在任中に続けたのは、開幕・閉幕の際のファン向けのメッセージ。期待してくれるファンの皆さん、応援してくれたファンの皆さんへの球団を代表しての節目でのメッセージを、どんなに成績が悪くても（こっそりと隠れて逃げ出したい気持ちを抑えて）必ず出すようにしていました。

■ファンからの「小言」はすべて正しい

「山室社長、いつもいますね」

「山室社長、本当にいるんですね」


マリンスタジアムで試合を見ていると、このような声を掛けてくださるファンが多くいました。

球団社長に就任以来、本拠地で行われるマリーンズの試合は、すべて現地で観戦しました。「いつもいる」「本当にいる」という感想を抱かれるのも、まあ無理はありません。

開門時はファンをハイタッチでお出迎え（なぜ社長自らが「ハイタッチでお出迎え」することになったかは、第4章でお話しします）。そして試合前の練習中や試合中は、自分の席にとどまらず、できるだけいろいろな場所を見て回りました。

「ファン目線を心がけた」というより、自分の家にお客様を招いて何か不都合がないかが気になる感覚が近いです。

私が球場内を歩き回っていると、気づいたファンが声を掛けてくださいます。

1年目は、とにかく多くの小言をいただきました。

「トイレが汚い」

「2階席にいると鳥の糞《ふん》が落ちてくる。汚いし、臭い」

「球場までの道が遠い。暗い。気分が盛り上がらない」

小言の大半は、球場の設備関係に関するもの。「チームが強い・弱い」以前の問題でした。

確かに、いくらチームが強かったところで、トイレが汚かったり、鳥が巣を作って遠慮なく糞を撒《ま》き散らしたりしていれば、観戦や応援を楽しめません。急いで改善しました。

球場までの道程に関しても、確かにその通りでした。

他球団の本拠地周りは、ワクワク感を煽るために、のぼり旗を立てたり装飾をしたりしています。しかしマリンスタジアムの周りは暗い。聞けば、さまざまな条例があり、なかなか掲出物を出せない状況にあったようです。

「そうはいっても、このままではファンが盛り上がらないだろう」と、私は行政と交渉し、なんとかシーズン中だけは広告や装飾をしてもよいという約束を取り付けました。

ファンは足繁く球場に通って、よく見てくれている。極端な話、ファンの小言をすべて解消していけば、ファンサービスはよくなるしかないわけです。

■ファンにチームが甘えない

これは強く感じることですが、エスパルスは本当にありがたいことに、長年、地域の人が応援してくれています。一方で、それにクラブが少し甘えてしまっているところがあるのも感じています。

エスパルスは市民クラブとして発足し、多くの市民クラブが支える組織として後援会組織があり、メンバーも1万8000人ぐらいいますが、後援会制度自体がほぼ発足以来ほとんど変わっていません。

この組織自体はしっかりとした組織で、後援会長が地元銀行の元頭取であったり、静岡の経済界の重鎮が理事に加わったりしていることで、非常に基盤も強固で素晴らしく、連綿と続いている歴史があります。一方で、伝統もあって強い組織がゆえに、なかなか変わることができないという面もあります。

最近のファンクラブは、来場し、チケットを買ったり、グッズを買ったりするとポイントがたまって、それでステージが上がっていきます。航空会社のマイルなどと同じ仕組みで、これをよく**「ロイヤリティプログラムシステム（チケットを安く買えたり、いろんなイベントに参加できたり、グッズがもらえたりする）」**といいます。要はファンクラブには対価性が求められるわけです。

一方で、後援会の場合は、無償の支援が前提なので対価は原則求めないということ、これがファンクラブとの大きな違いです。

非常にありがたい半面、もう少しカジュアルな新規の会員を増やすという努力をしないと、昔からの会員で固定され後援会の会員の平均年齢が年々高齢化していっている現状があります。そこが大きな悩みであり、昔からのコアなファンにずっと支えられ続けて、進化できていない現状があります。

くわえて、エスパルスでは、新スタジアムについてよく取り沙汰されます。現状、私が考えているキーワードが「官民連携」の一つである「指定管理」。指定管理をとると何が違うのかというと、指定管理制度自体は、行政が民間に対して管理を委ね、そこで民間企業は自主事業や別事業を行うことによって、結果、行政のほうも民間活力を利用することで、より充実した市民が楽しめる施設運営ができ、その管理料も安く済むということです。

エスパルスでいうと、今は球場を試合のときだけ借りている状況です。

たとえば、エスパルスの試合があるときに、オレンジ色のエンブレムの装飾だったり、選手の肖像などを飾ったりしようと思うと、全部その日のうちに設営して、スポンサーの広告もその日だけ設置して、終わったら全部また撤去します。したがって、その設置や撤去にはものすごくコストがかかりますし、大がかりなものや恒常的な店舗などは設置できません。

マリーンズでは、コンサートやイベントを誘致して、そこで収益を稼いだりしていました。サマーソニックなどの音楽イベント、それ以外にもいろいろなコンサートをやっていましたし、ジャニーズ事務所やＬＤＨ（ＥＸＩＬＥなどが所属する事務所）にも営業に行きました。

ファンの方に指定管理をとることを目指し、（立地上、実現性は乏しいものの）コンサートの可能性について触れたときには、「そんなことをやったらピッチが傷む」というネガティブな意見を多数いただきました。

ファンにとってみれば、クラブの収益よりも、ベストな状況でのピッチの確保をすることに興味があり、収益増を前面に出したためにネガティブな反応をされたのでしょうか。

ただし私は、その批判は「まだ免疫がないだけ」だと思っています。

実際、チームの資金が潤って、強くなったり、サービスがよくなったりすると、ファンの方の目線は変わると思っています。サッカーはそこは野球と違う、より競技性を重視する文化の違いがあると思います。

プロ野球の場合、多くの球団が「指定管理」や「設置管理許可」を行政から受け、周辺一帯を含め「ボールパーク化」が進んでいます。ボールパークとは、野球だけでなくさまざまな娯楽を取り込み、一日中楽しめる施設です。

スタジアムのイベント利用で稼ぐなど、競技以外のところで頑張っているJクラブはまだ多い印象がありません。米国や日本のプロ野球では、当たり前のビジネスモデルだと感じています。年間20試合の稼働ではどう考えても限界があります。新スタジアム検討にあたっても、非常に大きなポイントです。

■「ドラフト戦略」の転換

マリーンズにおいて、就任2年目、3年目と、年々、球場の設備関係についてのファンの指摘が少なくなっていくにつれ、「ファンの方の指摘は本当に正直で、正しいものだ」と感じました。

ただ決して、年を経るにつれ指摘の「総数」が減っていったわけではありません。

指摘の「内容」が、設備に関するものから、次第に「補強」「選手起用」に関するものへと変わっていったのです。

「選手起用」は私の管轄外なので応えようがないのですが、「補強」とくに「ドラフト戦略」については、就任直後から重要テーマに据えていました。

私が推し進めた「ドラフト戦略」の転換。**それは、「競合を避けた確実な指名・監督主導の即戦力補強」から、「競合を恐れない将来のスター候補の指名・フロント主導の中長期目線での補強・地元選手の優先」への転換です。**

「ファンに愛されるチーム」とは何か。さまざまな観点がありますが、「選手編成」の観点から見た場合、それは「愛される選手が多いチーム」ということになります。ならば、どのような選手が「愛される」のか。私は過去のプロ野球選手を分析し、2つの要素に集約されることに気づきました。

「甲子園のスター」と「地元の星」です。

マリーンズを離れた今、細かなデータを明かすわけにはいきませんが、高校野球で注目を集め、周囲の期待そのままにプロ志望届を出す「素材型」の選手は、将来、チームの屋台骨を支えるスター選手に育つ可能性が非常に高い。

くわえて、高校野球のスターはファンからの人気も高く、２軍スタートがほとんどとなるデビュー１年目の春季キャンプでも注目の存在となり得ます。

「将来性」と「人気」。チームの未来を考えるならば、たとえドラフト１位指名が競合してくじ引き抽選にすべてを委ねるとしても、高校野球のスターを積極的に獲《と》りに行くべきなのです。

それと同時に私は、こんなチャンスはないと考えました。資金の乏しい球団でもお金のある球団でも、くじ引き抽選の確率は同じです。人気・資金力・体力で大きく差がある球団がまったく対等の土俵で戦えるのです。

もうひとつの要素が「地元の星」です。

たとえば、２０１９年に引退したプロ野球選手で考えると、プロ野球史に数え切れないほどの記録を残したイチローさんは「ドラフト４位」、２０００本安打を達成し、２００１年には首位打者を獲得した現マリーンズのコーチ福浦和也は「ドラフト７位」、２００９年には最多勝を獲得し、度重なる故障から何度も復活してヤクルトファンに勇気を与えた館山昌平《たてやましょうへい》さん（現・東北楽天ゴールデンイーグルスコーチ）

は「ドラフト3位」での入団でした。

ドラフト3位以降は、プロのスカウトの目をもってしても、はっきりいえば「誰がどう育つかわからない」。これがプロ野球の世界なのです。

それならば、ドラフト3位以下の選手には「地元優先」の考え方を入れてもいい。

私はそう考えています。

どんなに高校野球に興味のない人でも、甲子園で地元の高校が戦っていたら、多少なりとも応援します。大相撲にしても同じです。

日本人は郷土愛がとても強い。そのため「地元の星」をドラフトで獲得するのは、「ファンに愛されるチーム」をつくるうえで大切な要素となります。

「地元枠」というと、なんとなく「癒着」のにおいが感じられ、ネガティブなイメージを持つ人もいるかもしれません。しかし現に、プロ野球チームがこれだけ全国に散らばっているわけですから、「地元」を優先する考えを導入するのも立派な戦略といえるでしょう。

「高校野球のスター」と「地元の星」。

2つの軸を明確にしたドラフト戦略を重ねるうち、マリーンズは常に「5年後が楽しみ」になるチームをつくることができました。**ただし、本当に「ファンに愛されるチーム」をつくるためには、まだまだ課題は残っています。**

マリーンズの2軍の本拠地は、浦和。埼玉県です。

埼玉県はもちろん、埼玉西武ライオンズのお膝元。大々的に興行をしたり、グッズを売ったりするのはなかなか難しい環境にあります。

一方で、北海道日本ハムファイターズの2軍の本拠地は鎌ケ谷。こちらは千葉県です。マリーンズのお膝元で「ファイターズグッズ」をガンガン売られてしまうのは、やはり、釈然としないものがあります。

12球団それぞれが「地元」に根ざしたチームをつくろうとしたところで、獲得した地元選手が下積み時代を過ごす2軍の本拠地の立地が、かなりいびつな状況となっている。これは大きな問題だと感じています。

実は、球団・リーグの垣根を越えて、いろいろ打開案を探している最中だったのですが、大きな宿題を後任に託すことになってしまいました。心残りではありますが、どのように改善されるのか、外部から見守ることにいたします。

■有望選手のビジネスへの影響とFA

レジェンド的有名スターを獲得すると、ビジネス的に大きな効果があるとよく言われます。

実際に獲得した場合のビジネスへの影響ですが、西武の松坂大輔選手のような有名選手を1000万円ほどで獲得できればペイするのかもしれませんが、前述のように多くの選手の場合はおそらくそれだけではペイしないと思います。

FA移籍ですごい選手が来たらチームは強くなるだろうと思って獲得はしますけれど、それでグッズ収入が入る、または話題性でお客さんが増えるといった変化は二の次というか、活躍しない限り、最初の数試合だけで後はほとんど変わりません。何億円もかけても、数千万円くらいしか戻ってこない。そういったメリットを考えて獲得するチームはないと思います。

基本的にプロ野球は、サッカーと違って選手があまり移籍をしません。そうすると、戦力を外から強化できる方法は限られます。

ひとつはドラフト制度ですが、ドラフトは機会均等ですし、即戦力であるケースはあまりなく、既存の戦力を一気に強化しようと思うとFAかトレードに頼るしか方法がありません。それもあり、FAは投資対効果で考えるとものすごく割高になりがちです。

純粋に投資対効果から考えると資金力のないチームが取るべきやり方ではありません。経営のことだけ考えたらギャンブルみたいなもの。なかなか当たらないので、資金が潤沢にあるチームでしか取り得ない戦略だと思います。

マリーンズも、私のときには基本的にはFAは黒字になるまでは取りませんでした。ある程度、高コストに目をつぶってやっていけるだけの体力ができるようになればやりますし、実際に黒字化後のマリーンズはFA参入をしました。

一方で、スター選手の経済効果は明確にあります。

ロッテは長年、スター選手が少ないというのが課題でした。私が就任した当時のロッテのスター選手といえば井口資仁・里崎智也・福浦和也ぐらいでした。

今後のロッテでいったら、藤原恭大《きょうた》選手や安田尚憲《ひさのり》選手、佐々木朗希《ろうき》選手はまだこれからですが、ロッテといえば、藤原がいるよねとか安田がいるよねと言われるような選手を育てていくというのは、一番効果が大きいと考えています。

こういったスター選手を価値が出た後にFAで取るとなると、ものすごく高くなります。スター選手は必要ですが、あくまで自前で育てるのが基本です。

たとえば、年俸1500万円のドラフト1位の1年目の選手がいたとして、その選手に関わる諸経費は、基本的に最初2軍でスタートするとして、2軍のコーチ含めて、運営コストを仮に5億円だとしても、50人で1人あたり1000万円はするでしょう。

そうなると年俸と足して、1人約2500万円。けっして安くはないですが、それでも自前で選手を育てたほうが、育っていく間もチームに貢献してくれますので、ずっと楽です。

ちなみに、福岡ソフトバンクホークスは三軍までの体制を整え、激しい内部競争で鍛え上げ、有名選手が続々と輩出しています。くわえて、潤沢な予算で補強をしていますから、戦力差は大きくなるばかりですし、収益差も大きくなっています。

山室流・ファンへの考え方

■山室流ファンの考え方

1 ファンの範囲を自ら狭めない

2 古参ファンに甘えない

3 ファンの動向は自分の目で確認する

4 ファンの方の指摘はすべて正しい

5 ファンにチームが甘えない

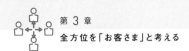

「球場へのアクセス」の悪さを克服する

■平日は「招待中心」、土日は「全力で稼ぐ」

マリーンズといえば、ファンの間でよく話題になるのが「本拠地・マリンスタジアムへのアクセスの悪さ」です。

最寄り駅である海浜幕張《かいひんまくはり》駅には、東京駅から電車で約40分かかることに加え、海浜幕張駅からマリンスタジアムへも徒歩15分ほど。そのため、多くのファンが仕事を終えてからの観戦となる平日は、観客動員数が伸び悩んでいたのが実情です。

就任直後、地図上で商圏をつかもうと、マリンスタジアムを中心にコンパスで円を描いてみたことがあります。円の半分は海でした。そもそも、人の動きを取り込むには限界のある立地なのです。

「立地が悪い」とはいえ、本拠地を移転するわけにもいきません。最寄り駅から球場までのアクセスは、臨時バスを増やすことによって多少は改善できますが、それでも限界があります。その中でどうテコ入れするか。

私が掲げた方針は、**「平日はあきらめ、土曜・日曜に経営資源をフル投入する」**というものです。

平日に観客動員数を増やそうと躍起になり、経営資源を投入しても、ファンにはファンの都合があります。「仕事が終わってから球場に向かっても、着いたころにはもう、試合の大半が終わってしまっている」のでは、足を運ぶ甲斐《かい》もないでしょう。ならばいっそ、平日に売上を伸ばすのをあきらめたほうが、経費を抑制でき、利益面ではプラスになります。

そして、平日に温存した経営資源を土曜・日曜にフル投入し、売上増進を図るのです。

■平日は「未来のファン」を生み出す日

「平日はあきらめる」といっても、それは決して「客席がガラガラの状態のままで放置する」という意味ではありません。地元の人たちを積極的に招待し、野球観戦の体験をしてもらうことにしたのです。

具体的な施策のひとつとして、「ちば夢チャレンジ☆パスポート・プロジェクト」があげられます。これは千葉県教育委員会と千葉ロッテマリーンズが連携して実施する取り組みで、地元千葉県の小学生の親子を対象に、マリンスタジアムでの試合観戦や仕事体験などに招待します。

私自身がそうであったように、球場で、生で野球を見ることで、野球観戦の楽しさに目覚める人はたくさんいます。子どもならなおさらでしょう。これは何歳にファンになったかという市場調査でも明らかで、彼らをターゲットとして招待すれば、そこで初めて見たチームを好きになる・将来のファンになることは自然な流れです。

平日は「ファンに来てもらう日」ではなく、「未来のファンを生み出す日」として割り切る。平日だけでは大きな利益は出ませんが、将来を考えればとても有益な使い方です。何より、空席が目立つより、子どもたちがたくさん見ていたほうが、選手のモチベーションも高まるでしょう。

■「準備を早くする」これだけでチケットの売上は伸びる

土曜・日曜は一転、経営資源をフル投入し、売上を伸ばすことを考えます。

「売上を伸ばす」とは、具体的には「チケット販売数」「食べ物・飲み物の販売数」「グッズの販売数」を伸ばすこと。中でも大事なのは、もちろん「チケット販売数」を伸ばすことです。チケットが売れないことには、「食べ物・飲み物の販売数」や「グッズの販売数」の伸びも見込めないからです。

私が球団社長に就任する前から、土日の来場者を増やそうと、さまざまなイベントを開催していました。「こどもの日には、来場した子どもに帽子やタオルを配ろう」

「『サラリーマンデー』と銘打って、お父さんたちを労《ねぎら》うイベントを開催しよう」など、そのどれもがファンのことを考えた素晴らしい企画でした。

ただいかんせん、準備が遅く、告知も甘い。どのイベントも1〜2カ月前にポンと決まるものですから、準備は常に大慌て。当日に配る帽子やタオルを作るにしても、常に業者さんに「特急料金」を払っての発注となりますから、高くつきますし、デザイン的にもイマイチなものでした。

もちろん、ファンにも十分な告知期間がとれません。告知も、ホームページに小さなバナーを貼り付けているだけだったりします。

せっかくいい企画を立てているのに、取りかかりが遅く、告知も不十分なために、肝心のファンに届かない。だからチケットも売れない。マリーンズのファンサービスは、とても残念な状況にあったわけです。

そこで私は、すべての準備の「前倒し」を進めました。

シーズン中に行うファンサービスは遅くとも半年前から準備をして、チケット予約販売（シーズン開始）までに確定させます。

時間に余裕ができると、さまざまな会社に協力を仰ぐことができます。

たとえばこどもの日のイベントでは、球団単独でイベントを進めるのではなく、親会社のロッテに協力を仰ぎ、子どもに帽子やタオルだけでなく、ロッテのお菓子を配ることだってできるのです。また、発注から納品までの時間も十分に確保できますから、十分に練った企画と魅力あるアイテムを格段にローコストで提供できます。

ファンへの告知にも十分な時間も効果的なプロモーション施策をとることができますから、すべてのファンにイベントを認知してもらったうえで、どのイベントの日に来場するかを選んでもらうことができます。

「準備を早くする」

たったこれだけで、売上が大きく伸びるだけでなく、必要経費も抑えることができました。

飲食店とグッズを見直す

■球場内の飲食店はシビアに「数字」で評価

「チケット販売数」を伸ばすことができれば、あとは来場してくれたファンにいかに「食べ物・飲み物」や「グッズ」を買ってもらうかです。

まずは「食べ物・飲み物」。

私が球団社長に就任するまで、球場内の飲食店は20年以上、同じ業者が運営している状態が続いていました。

「長い付き合い」は大切です。実際、飲食店の中には固定のファンがついているお店もあり、マリンスタジアムのひとつの「名物」となっている部分もありました。ただ私は、銀行員時代からの経験で、飲食業の特色は「多産多死」――開業も多いが廃業も多い業種で、人気を継続するのは非常に難しい仕事だと認識をしていました。

しかし、この球場内では「競争」の原理が一切働いていないことに私は疑問を抱きました。厳しい言い方かもしれませんが、「自称『球場の名物』化していることにあぐらをかき、ファンへのおもてなしが十分に行き届いていない部分があるのではないか」と感じたのです。

たとえば、オペレーション。

ファンは、試合前の練習時間や試合中のイニング間といった、限られた時間に食べ物を買いに来ます。そのため、店の前に並んで待つことも多くなります。だからこそ「オーダーを受けてから商品のお渡しまでをテキパキとこなし、いかにファンの待ち時間を少なくするか」が店の営業努力となるのですが、私が見たところ、その努力を怠っているように感じる店がいくつかあったのです。

ファンからすれば「早くしてくれよ。試合が始まっちゃうよ」とイライラすることも少なくないでしょう。経営的視点から見ても、10分間に30個売れるはずのものが、オペレーションが不十分なために15個しか売れないのでは、大きなロスとなります。

私が「20年も業者の入れ替えがないのはおかしい。なあなあになっているのではないか。広く業者を募るべきだ」と提案すると、社員からは反発を受けました。

「どのお店も、固定のファンがついているんです。入れ替えなんてしたら社長、叩かれますよ」

「どのお店もみんな、赤字すれすれで頑張ってくれているんです。代わりを募っても、どこも来てくれませんよ」

社員の言うこともわかります。長年、マリンスタジアムで運営してくれたことには敬意を表するべきですし、固定のファンがついているのも、愛される要素があるからこそでしょう。

しかしそれは、「ファンへのおもてなしの手を抜いていい理由」にはなりません。

どうするべきか。

私は、「売上」「オペレーション」「衛生」「接客態度」などの評価項目をつくり、**「1年間、この指標で頑張ってもらって、基準に達しない場合は立ち退きをお願いす**

る」ことにしました。猶予期間を設け、改善を促したのです。

社員は「代わりを募っても、どこも来てくれません」と言っていましたが、実際はそんなことはありません。大手のフードサービスや急成長中の飲食業者などからはたくさんの営業をいただいていました。

「長年やってくださったことに対する愛着」を抜きにして、オペレーション面・衛生面・接客面を冷静に比べれば、「基本がしっかりしている会社に任せたほうが安心だ」というのが私の本音でした。そして実際、1年間の猶予期間を経ても、改善が見られない飲食店もありました。残念ながらそのお店には立ち退きをお願いし、新たにいろいろな業態を展開しているフードサービスに入ってもらうことにしました。

「冷徹だ」と思われるかもしれません。しかし世の中全体を見てみれば、飲食業界はとても競争の激しい世界で、3年以内に閉店してしまうお店が大半です。そのような世界だからこそ、お店は切磋琢磨《せっさたくま》して「お客さまに何を提供できるか」を追求しますし、数十年も生き残るお店は「老舗」と呼ばれ尊敬されるのです。

「球場の中にある」というだけで保護され、20年も生き続けられているほうがおかしいのです。その点、激しい競争を生き残っている会社は、売上・衛生・社員教育というすべての面で信頼できます。

売上は飛躍的に伸びました。そして接客サービスも飛躍的に向上しました。「競争原理を導入する」のは、厳しい策であり、大きな反発もあるかもしれませんが、「お客さまのために何ができるか」を考えたときには、必要な考え方でもあります。

■グッズは「広く売れるもの」が鉄則

次に「グッズをいかに多く売るか」です。

グッズの売上は、「販売数×単価」で算出されます。

「単価」については、適正な相場がすでにできていますから、上げるのは難しい。必然的に、売上を伸ばすには「できるだけお客さまを広くとり、販売数を高めよう」という発想になります。

お客さまを広くとるには、「マニアックなグッズ」よりも「ベタなグッズ」のほうが好ましいといえます。

ところが、かつてのマリーンズの商品は「マニア向け」のものが多くありました。「有名解説者が横で解説してくれながら試合観戦できるチケット」や「選手をモデルにした精巧なフィギュア」「アニメコラボグッズ」など、「一部のファンは狂喜乱舞するかもしれないけど、大半のカジュアルなファンは買わないだろう」というような商品ばかりを販売していたのです。

これも、「熱いファンばかりを見ていた」ことによる影響なのかもしれません。ビジネスの場というよりも、担当者の個人的な趣味の世界、自己実現の場になっていました。

私は「**2００人のマニアックなファンに向けて売るグッズではなく、2０００人、2万人のファンに向けて売るグッズを作ってくれ**」と開発部門にお願いをしました。

もちろん、マニアックなグッズもあっていい。しかしそれは、１００あるグッズのうちの1つか2つで十分です。マニアックなグッズばかりを販売していては、やはり売上は伸びません。

グッズは「広く売れるものを多く作る」のが鉄則です。「お客さまを広くとる」のはグッズばかりでなく、イベントで配るノベルティにも必要な視点です。

かつては、ファンクラブ特典で配るグッズ（アパレル等）を、選手が実際に試合で使うものと同じ大手ナショナルブランドメーカーに依頼していました。ブランドメーカーですから、当然、コストは高くつきます。しかし担当者は満足顔でした。

「ファンも、選手と同じメーカーのグッズがプレゼントされて嬉しいでしょう。それにほら、選手のものと同じように、ユニフォームメーカーのロゴもここについているんですよ」

確かに、選手と同じモデルのユニフォームを着られて喜ぶファンもいるでしょう。でも担当者は、大切なことを忘れています。

ひとつは、同じモデルを着たいファンは、高い値段を出して同じユニフォームを購入します。球団の大きな収益源でもあります。でもこれはファンクラブの入会特典で、選手と同じPROモデルでもレプリカユニフォームでもありません。そこまでの品質は求められていません。

次に、ここにコストをかけすぎているために、ファンにほかのサービスをする余地が失われていることです。

選手と同じユニフォームメーカーに依頼すると、1着のコストは約2500円。一方、ほかのメーカーに依頼すると、コストは1着約1500円で済みます。ならば、浮いた1000円で、ファンクラブ会員限定で来場者のみにTシャツを配ったり、帽子を配ったりした方が、球団にとっても来場促進にもなり、ファンの満足度もより高まるのではないかと考えられました。

もうひとつは、ファンが価値を感じるのは「マリーンズのロゴ」であり、決して「ユニフォームメーカーのロゴ」ではないという点です。ファンにとってユニフォームは、マリーンズの応援のときに一体感をつくるために着るものです。選手と同じモデルを着て満足するためのもので、これは同じメーカー品を購入します。

しかし多くのファンにとっては、高価なユニフォーム以外は「メーカー品のグッズ一点豪華主義」より、同じ値段で「面白い応援アイテムがたくさんもらえる楽しいイベント」のほうがありがたいはずなのです。

ちなみに、気づく方は少ないですが、ファンプレゼント用のノベルティアイテムの洗濯用タグには「いつもマリーンズを応援して頂き誠にありがとうございます」というメッセージが入っています。エスパルスでも同様です。

結果として、「応援グッズがたくさんもらえるイベント」への切り替えは大成功となりました。イベントデーのチケットの売上が飛躍的に伸び、ファンから「お得感が増した」という声をたくさんいただいたのです。

一部のマニアが喜ぶ品を一生懸命つくっているほうが、「自分は自分にしかできない仕事をしているな」という実感を得られます。しかし、やはり時間と労力をかけてつくったグッズが多くのファンの手に届かないのも寂しい。職人気質の人ほど「お客さまを広くとる」という視点を持つのも大切だと感じます。

「マリンスタジアムへのアクセスの悪さ」は変えることができません。ただ、それ以外で「変えることのできるもの」はたくさんあります。

経営資源の「選択と集中」、準備の「前倒し」、飲食店に「競争原理」を導入する、グッズは「広く売れるもの」を増やす。

一般企業ならどこでもやっている当たり前のこれらの策を講じることで、弱点はいくらでもカバーすることができるのです。

スポンサーに明確な2つのメリットを提示する

■選手にも「営業担当」になってもらう

チケットや食べ物・飲み物、グッズの売上と同じように、スポンサーの広告収入も、球団にとっては重要な収入源です。

マリンスタジアムの看板やフェンス、そして選手が身につけるユニフォームやヘルメットなどに企業名を載せる代わりに、球団は広告収入をいただきます。

「広告」といっても、テレビCMや新聞広告などと違い、スタジアムの看板や選手のユニフォームに載せる広告は「効果が見えづらい」のが正直なところです。

せっかく高いお金を支払って広告を出しているのに、その効果が見えづらいのでは、スポンサー企業が広告を出し続けるモチベーションを失うことにもなりかねません。

実際、私が社長に就任する前は、「スポンサーを降りる」「いやいや、そこをなんとか。お安くしますから」と値引きによってスポンサーを続けてもらう状況が続いていました。これは見た目上、「スポンサーをつなぎ止める」ことには成功していますが、収益は年々、下がっていくことになります。毎年、広告収入の減収が続けば、球団経営にとっては大きなダメージとなります。

そこで私は、スポンサーに新たに明確な「2つのメリット」を提示し、広告収入を維持する方針を打ち出しました。

メリットの1つ目は「**選手と会える、話せる**」。俗っぽいメリットですが、大切なことです。

選手の協力を得て、シーズンが終わった11月、スポンサーとのゴルフコンペに参加してもらうことにしました。

プロ野球球団のスポンサーになっている以上、スポンサー企業の社長は野球が、それもスポンサードしているチームが大好きなはずです。そのチームの選手とともにゴルフができるのは、大きな特典です。一緒にコースを回った選手にはより感情移入し、応援する気持ちになるでしょうし、一緒に写真を撮れば、家族や居酒屋の飲み仲間に自慢できるでしょう。

いわば、選手にも一時的に「営業担当」になってもらい、スポンサー企業への接待に協力してもらったということです。また大口のスポンサーには選手を帯同してスポンサー企業へ挨拶訪問に回りました。

選手からは戸惑いの声があがったのも事実です。しかしそれは意外にも「会話の心配」でした。

「広告を出してくださるような大きな会社の社長さんと話したことがありません。何を話せばいいですか？　怒らせたらどうしよう……」と悩む選手もいました。

そのような選手に、私はこう声を掛けました。

「これも社会勉強だ。会話が途切れることもあるかもしれないけど、恐れず勉強して

きなさい。君たちの給料はスポンサーからいただく広告収入からも出ている。感謝の気持ちを持って接しなさい」

具体的なアドバイスは一切ありません。人間、相手に対して感謝の気持ちさえ持っていれば、そうそう大きなトラブルになることはないからです。

ただ、学生時代の私がそうであったように、無愛想な選手は相手に「つまらなそう」「怒ってそう」という印象を与えることもあるかもしれないな、とは考えていました。そのため、何かあったときのフォローも考えていたのですが、意外にもみんな、お客さまと和気藹々《わきあいあい》とコースを回っていたように見えました。「本当に感謝の気持ちを持って接してくれているのだな」と選手たちを見直したものです。

シーズン前には、スポンサー企業を集めてプライオリティールームでの「出陣式」を行いました。

スポンサー企業の社長・幹部の皆さまたちのテーブルにまで選手が降りていき、今シーズンの抱負と意気込みなどを交えて監督・コーチ・選手が和気藹々と談笑する。

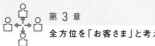

身近に「自分たちが支えているチームなのだ」というモチベーションを高く保ってもらうことで、スポンサーの離脱はだんだんと少なくなっていきました。

■「地元に貢献」の意識を高める

メリットの2つ目は**「地元でのイメージアップ」**です。

千葉という土地柄、球団としては地元企業への営業に力を入れていました。

地元企業は、勤めている人もお客さまも地元の人が多いものですから、必然的に地元愛が強くなります。すると「地元に貢献したい」という思いもやはり強くなる。そこで「地元球団であるマリーンズのスポンサーになっていただけませんか」と営業をかけていました。

くわえて、どこの球団でも実施していますが、介護施設訪問や学校訪問などの社会貢献活動は、選手に労を惜しまず協力をお願いしました。

地元のスポーツチームは、地元の「公器」のような一面もあり、スポンサードして

スポンサーへの考え方

従来

広告効果が見えづらい

→ 値引きによってスポンサーを続けてもらう

→ 広告収入が毎年減少し続ける

▼

スポンサーに明確な

2つのメリット を提示する

① 選手と会える・話せる
② 地元でのイメージを上げる

▼

これにより

・新規スポンサーを獲得しやすくなった
・スポンサー契約が継続されやすくなった

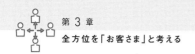

いることがそのまま「地元に貢献している」ことの証にもなります。ひいてはスポンサー企業のイメージアップにもつながるのです。

たとえば、前にも書いた「ちば夢チャレンジ☆パスポート・プロジェクト」。この企画に賛同いただける企業を募ったところ、小口50万円程度で数多くの企業にスポンサーになっていただくことができました。

「この企業、いいことをしているな」と好感を抱かれるでしょう。球団への広告出稿は、自社のイメージアップにもつながります。

「選手と会える、話せる」「地元でのイメージアップ」

小さなことかもしれませんが、しかし明確な2つのメリットを提示することで、新たなスポンサーを獲得したり、スポンサー契約の継続を取り付けたりすることがしやすくなりました。

こうしてマリーンズの財政は徐々に、安定していくことになりました。

第 4 章

「経営」の視点を持つ

意識改革はトップから。自らの「行動」で示す

■明確な優先順位づけをして問題を解決する

優れた専門知識も、優れた話術も持たない私にとって、組織の全体最適化を目指し各種の情報から優先順位づけをするのが、経営者として重要な付加価値が高い仕事だと思っています。

私は優先順位をつけるにあたって、明確な判断基準を示すようにしています。たとえば、マリーンズのときは、以下のように考えました。

（マリーンズのビジネス環境の整理）

・そもそも予算（お金）がない

・弱いチームでは魅力がないので、積極的な補強など、チーム強化資金が必要
・ファン拡大のための投資が必要
・人はギリギリで繰り回しており、常にどの部門も不足。職員が疲弊している
・スタジアム立地・インフラが悪いから改善したいが、できない
・ステイクホルダー（ファン・地域・行政・応援団・後援会・スポンサー・出入り業者など）からの信頼回復・信頼関係構築

問題が山積みで、正直、どこから手を付けていいのか迷うところでした。しかし、目の前にあったのは**「とにかく自由に使えるお金がない」**ことでした。

戦略としては、「①まずお金を稼いで、②最も投資効果の高い分野に投資し、収益を拡大、③次に稼いだお金の一部をチームに投資、④黒字になったら、黒字分はすべてチーム強化とファン満足度向上に投資」でした。

最初にチームにドカンと積極投資して優勝したら、売上・ファンも増加するので理想ですが、一方で、潤沢な資金力のある親会社の支援が継続しない限り、成功するケースはないと断言できます。なぜなら、どれだけお金をかけても優勝できる球団は

1チームだけで、全球団優勝も全球団Aクラス（6球団のうちの上位3球団）もありません。しかし、全球団増収増益や黒字化はあり得ます。

実際にチーム強化投資は、最もROI（投資利益率。いわゆる費用対効果のこと）が不確定・不安定な投資ともいえます。これが確実な投資なら球団経営は極めて簡単ですが、ギャンブルと同じです。お金がない人がギャンブルすると必ず失敗します。ギャンブルが許されるのは余裕資金がある人だけです。

ただし、チーム強化はファンが最も注目しているところなので、そこをケチるメッセージは絶対に出せないので、実際には以下のように示しました。

①スポンサー営業強化、人材や私（社長）の時間配分等の経営資源投下　↓　手元資金を作る

②集客・ファン増加のための投資　↓　来場者増加。ファン増加からの利益拡大、赤字縮小・黒字化

③チーム強化投資　↓　強いチームへ

■攻めるだけが経営ではない

エスパルスでは、新社長に着任したときに、多くの職員が新たなチャレンジに期待してくれました。チーム強化のための科学的分析ツール投資、DX（デジタルトランス）投資、集客のための新たなファンサービスへの投資、スタジアムの観戦環境改善投資、ブランド強化のための投資など、いろいろな要望があげられました。

しかし私としては、当時のエスパルスがそもそもそれだけ戦線を拡大して攻めていくだけの筋肉質の組織なのか非常に疑問を持っていました。過去の経緯やしがらみや伝統がどうこうという会話が多く、変革と言いながらも旧態依然の経営スタイルや「変えたくない」組織風土に違和感を覚えていました。

くわえてコロナ禍の影響で経営は大幅に悪化、危機的な経営状態に陥りました。サッカーの文化として、お布施的に資金を集めることがあるらしく、この経営危機を広く訴えて、いわゆる流行のクラウドファンディングでサポーター（ファン）からお金を募ろうという意見がはじめに出てきましたが、まずはクラブ自身が徹底的に自助努力し痛みを伴う選択をして必死に生き残りを模索する努力をすることを最優先にしました。

その中で、まずは採算性が不確実な取り組みは中断し、既存の非効率業務の徹底的な見直しを指示しました。

物販の店舗6拠点中5拠点を廃止、発行物の廃止やデジタル化、人員削減、減資等その他徹底的なコスト見直しによる1億円超のコスト削減を最優先課題として取り組みました。

ファンやパートナー企業に支援を仰ぐのであれば、まずやるべきことをやるのが筋だと考えたからです。

結果的に、あっという間に1億円を大きく上回るコストが削減できたのは驚きでしたが、再投資に充当する資金が捻出でき、かつ職員の意識が変革できたのは大きな成果だったと思います。

■「方針」に責任を持つ

組織全体として「この方向に進むのだ」という方針を打ち出したら、経営者はその方針に責任を持たなければなりません。

責任の持ち方にはいろいろありますが、私は「経営者自ら、方針に沿った行動を示す」ことが大切だと考えています。

マリーンズの球団社長に就任した2014年のシーズン開幕から、退任した2019年のシーズン終了まで、私は本拠地で開催する試合の開門時、ファンを「ハイタッチ」でお出迎えし続けました。

「熱いファンもカジュアルなファンも、チームを応援してくれる人は皆同じ『ファン』である。全てのファンを大切にしよう」

「多くのファンに笑顔を届けよう」

と口で言うだけでは、単なるお題目になりかねません。

これからどのような姿勢でファンと向き合うのか、社長自らが「行動」で示す必要がある。その「行動」のひとつが、開門前から並んでくれたファンとのハイタッチでした。

デパートでも、開店前から並んでくれたお客さまに対して、開店時には店員が整列して「いらっしゃいませ」と出迎えるでしょう。そのようなお迎えの姿勢を、球場でも示したかったのです。

社員に対して「お客さま第一主義とは……」と長々と講釈を垂れるより、経営者自らが「お客さま第一主義」に沿った行動を示したほうが、よっぽど早く、深く、組織全体に経営者の方針が浸透します。

「ファンは俺なんかとハイタッチして、嬉しいのかなぁ……」

そんな疑問を抱くこともなくはありませんでした。私だって、球団社長とアイドル、どちらとハイタッチをしたいかと問われればアイドルのほうを選びます。

ただハイタッチによって、**「マリーンズは、ファンが早くから来場することを社長がこんなに喜び、歓迎する球団だ」**ということはファンにも、社員にも伝わります。まずは私の思いがみんなに伝わることが大切だと考え、ハイタッチを続けました。

そうしたときに、あるご婦人から「女子トイレの便器の中が汚い。こういうのが大事なのよ！　自分で見なさい！」というご指摘をいただきました。社内報告では問題なしとされていましたが、実際に女子トイレに確認に行くと、確かに汚れが付着していました。

こうした新たな発見が常にあります。

効果はそれだけではありません。

大口スポンサーの社長が一般ゲートから来場されたときに、「本当にやってるんだ！」と驚いてくださり、そこまで社長が先頭で頑張っているならばと、さらなる協賛を約束していただいたこともありました。

選手も、社長がハイタッチをやっている姿を見て、最初は手が痛くなってプレーに影響が出ると文句を言っていましたが、ハイタッチ等のファンサービスには一切不満が出なくなり、協力的になりました。

市の行政担当の方も、現場に常に立ってファンの意見を聞いている私の姿をいつも見て、意見を尊重してくれるようになりました。

目立ったことをすると、冷ややかな反応を示されるリスクもあります。どうせ長続きしないという声が大半でした。

ただ、冷ややかな反応が気になってやめるくらいならば、はじめからハイタッチなどしなければいい。それ以前に、「お客さま第一主義」なんて掲げなければいい。

「経営者自ら、方針に沿った行動を示す」

「少々、冷ややかな反応を示されたくらいではくじけず、信念を貫き、行動を続ける」

これがひとつの、経営者としての「責任」のとり方だと考えています。

■ハイタッチで得た「副産物」

ハイタッチを続けることで、思わぬ副産物を得ることもできました。

顔見知りのファンが増えたことです。

直接会話するわけではないにしても、「また、開門前から並んでくれている」と見つけると、やはり嬉しくなるものです。

ある日、マリーンズは本拠地で、見るも無惨な大敗を喫しました。

私もガッカリしながら球場を出て海浜幕張駅に向け歩き始めると、ひとりのファンに会いました。

彼は私を見つけるなり、今日の試合がいかにひどかったかを延々と語りました。海浜幕張駅までの15分、延々と不満をぶちまけ続け、まだ収まらなかったのか、海浜幕張駅から京葉線の電車に乗ってもなお、私に語り続けます。

怒りの勢いは収まるどころか、なおヒートアップし、ついには「こんなチーム、もう応援しないよ」と言って電車を降りていきました。

「あぁ、ファンをひとり失ってしまったな……」と心を痛めた次の日、またハイタッチでファンを出迎えていると、なんとゆうべ「もう応援しない」と言っていた人もしっかり列に並んでいるではないですか。

「ファンは簡単には離れないものだ」と思うと同時に、「あんなにひどい試合を見てもなお、応援してくれるファンがたくさんいる。大事にしなければならない」と実感しました。


エスパルスでも、ゲートでの挨拶（コロナ禍でハイタッチは自粛）により、ファンの顔見知りが増えました。

くわえて、地元メディアでの露出がマリーンズにいたときよりも高いですから、顔が売れて、すぐに話しかけていただき、「元気出して頑張りましょう」などと言われます。

今のところは励ましの言葉が多いですけど、たまに苦言をいただくこともあります。それだけではなく、「チケットの取り方がわからない」とか、いろんな細かなご意見をいただくことも多いです。

声を掛けられて認知される率は高いと思います。とくに5000人の入場制限をしているときなどは、基本古参ファンの方が多く、よく声を掛けられました。

「組織」と「目標」を整備する

■オーナーからの指令に応えるべく「自立した球団」へ変革

私が社長に就任した直後のマリーンズは、職員の人数が少なく、よくも悪くも「家族的」な会社でした。

球団内にある飲食店と、競争のないままに20年以上も付き合いを続けていたエピソードを紹介しましたが、これが当時のマリーンズを象徴する一件です。

「赤字が出ても、親会社に補填してもらえばよい」という絶対的な安心感があるために、個人別の売上目標もなければ個々の仕事ぶりを評価する軸もなく、上司も部下もなく、それぞれが「好きな仕事」に没頭している組織。それがマリーンズだったのです。

好きな仕事があることも、それに没頭できることも素晴らしい。しかしそれは、「会社として利益を出し、自立して運営ができている」「その中で、その人の好きな仕事も利益を出し、会社の運営に貢献できている」という大前提があってこそ。

「自分は自分の好きな仕事に没頭します」で赤字を垂れ流し続けるだけでは、普通の会社ならばすぐにつぶれてしまいます。

私は球団の赤字を減らし、いずれ黒字化するために、社員一人ひとりの「働き方」以前の「働くシステム」を整備しなければならないと考えました。

球団社長に就任する際、オーナーから、

「毎年20億～30億円出ている赤字を、せめて年12億円程度に抑えてほしい」

「チームを強くしてほしい」

「ロッテブランドを高めてほしい」

という指令をいただいていました。

この指令を叶えるために必要なのは、「チームの自立」だと私は考えました。

「親会社に赤字を補填してもらってようやく成り立つビジネス」ではなく、「チーム単独の収益で運営していけるビジネス」を目指す。「親会社の顔色をうかがうビジネス」ではなく、「ファンやスポンサーにしっかり向き合うビジネス」を目指す。それが結果的に、赤字を減らし、チームを強くし、ロッテとマリーンズのブランドを高めることにつながるはずなのです。

これは決して夢物語ではありません。MLB球団は、基本的に球団が自立した経営を行っていますし、現に広島東洋カープなどは、球団単独の経営で黒字化できています。

そのためには、「働くシステム」の整備は必要不可欠なものでした。

■人事評価制度をつくり、正社員として採用

マリーンズでは、就任当時、大部分を占めていた契約社員は嘱託社員とも呼ばれ、正社員よりも給与水準は低く、手当などの格差もあり、何よりも1年間の有期契約でした。

そのため、成果をあげても、何回も契約更新を繰り返しても、昇給もほとんどなし。当然のことながら優秀な人材は次々と流出してしまっていました。

それを改善するために人事評価制度を設けて、メリハリつけて処遇。優秀な人材は、契約社員であろうが、業務委託先の社員であろうが、マリーンズの正社員として採用、さらに、管理職にも登用しました。

現在のマリーンズの本部長のうち3名は元契約社員。部長も大半が元契約社員。元ビールの売り子からアルバイト入社し、契約社員になり、正社員、課長、部長と昇進している人もいます。

■ジョブローテーションで「たこつぼ化」を解消

当初のマリーンズは、業務の多さの割に社員の人数が少なく、それぞれが担当業務の「プレイヤー」として自分の業務に没頭する日々が続いていました。各業務を俯瞰《ふかん》的に見て管理する「マネジャー」どころか、自ら業務に携わりながら他業務との連携も踏まえて管理する「プレイングマネジャー」すら置く余裕がない状況です。

財政に余裕がなく、人を増やす体力がない。多くの中小企業が同じ悩みを抱えているることでしょう。

「新たに人を増やす」ことが叶わない中で、私が必要だと感じたのは、「プレイングマネジャー」的な視点を持てる人材の育成です。

会社の中で、中長期的な視点で仕事を見ることのできる人間が社長しかいないのでは、成長し続けていく組織をつくるのは難しいといえます。極端にいえば「将来のことを考えているのは社長だけ」の状態になりますから、すべての業務がバラバラで、行き当たりばったりのものとなってしまうのです。

さらに当初のマリーンズは、各業務の担当年数が長い社員が多く、それぞれが自分の仕事に「経験」と「プライド」を持っていました。

自分の仕事に誇りを持つのはよいことですが、マネジメント的な視点を持つ人間がいない中で好きな仕事に没頭するばかりでは、組織が「たこつぼ化」し、部門間連携ができにくい状態となってしまいます。大企業ならまだしも、マリーンズのような中小企業が「セクショナリズム化」している実態に正直驚きました。

「球団全体にとって何がよいか」より「自分の仕事にとって何がよいか」を優先するようになり、いつの間にか「ファンのための仕事」ではなく「自分のための仕事」をするようになってしまっていたわけです。

前に紹介したマニアックなイベントやグッズに偏ってしまったり、イベントの準備が常に遅れがちになったりというのは、すでに「たこつぼ化」の兆候が出ていると考えられます。

少しずつ、ジョブローテーションを取り入れることにしました。

「ジョブローテーションをやるぞ！」と意気込み、「本当にやるぞ！」と宣言したはいいものの、万が一業務に大きな支障が出てしまったらどうしようと、実際に踏み切るには1年以上の時間がかかってしまいました。

しまいには、社員のほうから「社長、ジョブローテーションはいつ始まるんですか？」と聞きに来られてしまう始末。おそらく社員から見れば私は、オオカミ少年のように映っていたことでしょう。まったく情けないものです。

ただプラスにとらえれば、「ジョブローテーションをやる」と打ち出してから、実際に始めるまでの1年あまりは、社員たちにとってもよい「準備期間」になっていたのでしょう。事前にお互いの仕事をよく予習してくれていましたし、いざジョブローテーションを始めるときには「ついに来たか」と、腹をくくって前向きに取り組んでくれました。

効果はすぐに出ました。「もっと早くやればよかった」と後悔するくらいに、てきめんの効果が出たのです。

新しい業務にまっさらな気持ちで臨むわけですから、新たな企画も、業務改善のアイデアもどんどん出てきます。「これ以上はコストも納期も削れないな……」と思っていた仕事が、「今までは何だったのか」と思うくらいに劇的に安く、早くできたりします。

また、もともとはやはり「千葉ロッテマリーンズ」という球団が好きな社員たち。新たな仕事にもモチベーション高く取り組んでくれ、会社全体の雰囲気もグンと活性化します。

細かなトラブルはあれど、全体としてジョブローテーションは大きな成果を生んだといえます。

■「どんぶり勘定」から脱却する

どんぶり勘定から脱却するポイントの一つが、在庫管理の徹底です。グッズについては、選手の背番号の変更や退団などで、サイズや色を含めたユニフォームの変更が多いものです。

売れ残りのグッズを減損処理せずに放置すると、帳簿上だけは利益が出ているように錯覚しますが、何年に一度か整理してみると、実際は売り物にならない商品が山ほどあることがわかります。これをまとめて処理して、大赤字という失敗例がスポーツチームではよく聞くケースです。

在庫管理手法については、専門的に話になりますので割愛しますが、いくらヒット商品を出しても仕入れ過ぎて在庫が大量に残っている場合、利益はまず出ません。

くわえて、「スポンサー広告収入の明確化」と「売上目標の設定」、いわゆる「見える化」も進めました。

先に、「スポンサーを降りる」と申し出たスポンサーに対し、営業担当が「いや、そこをなんとか。お安くしますから」と、値引きをしてつなぎ止めていたエピソードを紹介しましたが。そもそもなぜそんな事態が起こったのか。理由は次の3点に集約されるでしょう。

・ルールが明確でないため、営業部でのその都度の状況で裁量で値引きができてしまう。結果的にバラバラの価格設定となる

・スポンサー広告の利益率などが明確に設定されていないため、「これだけの値引きは異常だ」という感覚に疎い

・売上目標がないため、スポンサーが減って看板が「空白」にさえならなければ、いくら値引きをしても叱られない環境にある

結果的に、適正な価格で売るというこだわりが誰もなくなり、ひたすらお客さんの値引き要請に応えるという安易な営業スタイルに陥っていました。

すべては「親会社が赤字を補填してくれる」という大前提があったからこそ、このような無茶苦茶な営業でも成り立っていたのですが、「チーム単独の収益で運営していけるビジネス」を目指すとなってからは、そうはいきません。

私は、「球場のここに企業名を載せた場合はいくら」「ユニフォームのここに企業名を載せた場合はいくら」と、広告を出す位置ごとにメディア露出の広告換算評価レポートをベースに、明確な「定価」を設定すると同時に、営業チームと営業担当にそれぞれ「目標」を課すことにしました。

そもそも目標がない営業というのがあることが驚きでした。

目標がなければ、「どう売上を立てようか」と考えることもありません。なんとなくお客さまを訪問し、言われただけ値下げをして契約を取り付けて帰ってくれば、それで仕事は完了です。

しかしそれでは、経営が成り立たない。「会社としてこれだけの売上を目指す」「そのためにはこれだけのコストでこれだけの売上を立てる」「そのためには個人としてこれだけの売上を立てる」という目標があって初めて、営業担当は「何をするべきか」が見えてきますし、壁にぶつかったときに「どうすればよいか」と考えます。

第1章でお話しした「トレース」のような過度な目標管理はよくありませんが、「目標を設定する」こと自体は、働くうえでとても重要な要素です。何よりも、努力して成果を出している人を正しく評価することができることが大きいです。

「どんぶり勘定」から脱却し、「数字」を明確化する。

これによってマリーンズは、それぞれが「利益を出すために何をするべきか」を考える集団に変わっていきました。

「弱いチーム」がどう稼ぐか

■チームの「強さ」はコントロールできない

「チームが弱いと、お客さんが入らなくて大変でしょう」

経営者仲間から、このように言われたことがあります。

確かに当時のマリーンズは「Bクラス（6球団のうち下位3球団）」の常連であり、たまに3位になるシーズンがある程度のチーム力。「弱い」と言われても仕方がありません。ただ、チームの力と「お客さまが球場に来ない」「経営が芳しくない」は切り離して考えるべきだというのが私のスタンスです。

アメリカ・メジャーリーグ（MLB）のニューヨーク・ヤンキースを視察したとき

のことです。球団のビジネス面の担当の副社長に「球団を運営するうえで、いちばんの軸は何ですか?」と質問したら、このような答えが返ってきました。

「我々にチームの強さはコントロールできない。だから、コントロールできる部分に注力するんだ。ファンがチケットを購入するまで、球場の敷地に入ってからスタジアムの観客席につくまで、試合中、買い物や食事を楽しんで試合が終わってから帰るまで。それぞれの時間でファンにどのようなおもてなしをし、どのような雰囲気を味わってもらうか。それは自分たちがコントロールできる部分。精一杯注力しているよ」

この考え方に、私は大きく共感しました。

ニューヨーク・ヤンキースといえば、メジャーリーグ屈指の名門であり、「常勝」を義務付けられている球団です。その球団を運営している人自らが「チームの強さはコントロールできない。だから、コントロールできる部分に注力する」と語っているのです。

強いチームのビジネス担当役員がこの意気込みでいるのですから、アメリカのプロスポーツ界が大きな発展を遂げるのも頷《うなず》ける話です。

「ヤンキースくらいに強くて人気もある球団ならば、何とでも言えるだろう」

そう考える人もいるかもしれません。

確かに「チームが強い」という要素は、それだけで集客の原動力となり得ます。球場に足を運ぶファンはみんな、貴重な余暇を使い、お金を使って応援するわけですから、やはり観戦する試合は勝ってほしいと願うのが自然な感情でしょう。

実際それまでのマリーンズも、常に5位、6位に低迷しているシーズンは観客動員数が低く、Aクラス争いを演じ続けるシーズンは観客動員数が多い傾向にあります。

勝てる可能性が高くなれば現地観戦が増えやすく、勝てる可能性が低ければ現地観戦が減りやすい。これはひとつの事実です。

ただ、チームが弱いのをすべての言い訳にするのは違う。「チームが強くなれば儲《もう》かる」「だからチームを強くするために補強する」は危険な考え方です。

なぜならば、「チームの強さはコントロールできない」からです。私が言ってるだけならまだしも、常勝・ヤンキースのビジネス責任者が言うのですから、説得力が違います。

「チームが強くなれば儲かる」と妄信し、大金をかけて闇雲に補強して、その甲斐なく下位に低迷するほど恐ろしいことはありません。これはただ、ギャンブルに失敗しただけであり、チームに何も残さないからです。

一方で、「チームは弱くとも、大きなお金はかけられなくとも、ファンやスポンサーのためにできることは十分にある」ことは、ここまでも十分に伝わっているのではないでしょうか。

「弱いチーム」でも、稼げるのです。

余談ですが、MLBはリーグ戦をより面白く楽しめるように、突出して強いチームをつくるのではなくチーム戦力の均等化策をとっています。メジャーリーグサッカー(MLS)は、日本・欧州のサッカーリーグと異なりクローズドの昇降格なしのリーグ対抗戦で、よりリーグを面白くする工夫を随所に盛り込んでいます。

スポーツをエンタテインメントとして徹底してビジネス化している米国人の姿勢には畏敬の念さえ抱きます。

■細かな「チーム編成」に口出ししない

「チームの強さはコントロールできない」と書くと、「チームを強くすることをあきらめていたのか」とお叱りを受けるかもしれません。

もちろん、そうではありません。ドラフト戦略は大きな方針転換を敢行して「強く、かつ愛されるチーム」にするための土台をつくり、外国人の補強にも積極的に動きました。

ただ、細かなチーム編成には口出ししないように心がけていました。

理由は、**「面白さに溺れるに決まっている」**からです。

「プロ野球球団を経営する」というテーマのシミュレーションゲームや『マネーボール』といった映画の人気があるように、球団経営は、野球好き・スポーツ好きにとって興味をそそられるものです。

球団経営ゲームの醍醐味《だいごみ》は自チームの編成です。「予算がこれだけある中で、チームの総年俸をここまでに抑えたい。高年俸だけど先の短いベテランを放出し、他球団で埋もれているプロスペクトを獲得して、世代交代を図りたい。3年後はこの選手が球団を離れるかもしれない。穴を埋められる選手は……」と、常に先、先を考えながら「勝てるチーム」をつくっていくのは、とても楽しい。

私は野球少年でこそありませんでしたが、ラグビー好きのスポーツ少年でしたから、「チーム編成」に興味をひかれる部分は確かにあります。**しかし、現実の球団経営で私（社長）が編成にまで口を出してしまうと、チームが崩壊します。**

マリーンズには当然「編成担当」の人間がいます。私の役割は「編成を考えること」ではなく、「編成担当が成果を出しやすい環境を整えること」です。野球のど素人である私が、興味本位で首を突っ込むのは、「編成担当が成果を出しやすい・編成しやすい環境を整える」のとは真逆の行動です。

また当事者になるよりも第三者的に俯瞰するほうが意外と新たな発見があったりもしました。

やっかいなのは、社長という立場は非常に大きな権限を持っているために、「首を突っ込もうと思えば突っ込めてしまう」点です。

編成担当もサラリーマンですから、社長である私が「来季のチーム編成はこれでいこうと思うのだが、どうだろう?」と聞けば、「わかりました」と了承してしまうかもしれません。

私は自分の思い通りに編成が組めて満足かもしれません。しかし自分の仕事を社長に奪われた編成担当はどう思うでしょうか。そして、ど素人によって再編成されたチームは機能するでしょうか。選手たちは、自分の手の届かないところで振りかざされた権力によって振り回され、パフォーマンスを落とさないでしょうか。

社長が目先の「面白さ」に溺れ、興味本位で職権を濫用《らんよう》し、口を出したい分野にだけ口を出すと、組織は瓦解するのです。

私が「経営」以外には口を出さないのは、これが理由です。

■お金をかけなくても、できることはたくさんある

「チームが弱い」

「予算も少ない」

その中でできることは、**「外部に頼まず、自分でやる」「今ある材料で、使えるものは使い倒す」**の2点です。


たとえば、市場調査やイメージ調査。皆、この手の調査をやりたがります。

私が社長に就任した途端、「経営改革」を察知した外部のコンサルタント会社がたくさん営業をかけてきました。しかし彼らに依頼すれば、1000万円以上かかってしまいます。

一方、自分でサイトを見てチケットを購入し、自分の足でファンと同じように海浜幕張駅からマリンスタジアムまで歩き、ファンと同じ観客席に座って試合を観戦し、イニングの合間にファンと同じように飲食店で食べ物を買い、ファンと同じように売

り子からビールを買い、試合終わりにはファンと同じ道を歩いて帰れば、格段に安上がりなうえ、嫌でもファンの気持ちがわかりますし、ファンの声も聞こえてきます。

コンサルタント会社に依頼して調べた「ファンの声」と、自らの耳に直接届いてくる「ファンの声」、後者のほうがより正直なうえに、それが格安で手に入るのです。市場調査・イメージ調査は自分の足で行うに越したことはありません。

これはまったく予期していなかったことなのですが、私が社長に就任してしばらくしてから、「数年前にコンサルタント会社に依頼して行った市場調査・イメージ調査」の資料が出てきました。

そこに載っていた「ファンの声」は、「トイレが汚い」「球場までの道が暗い」など、そのほとんどが、私が球場で直接ファンから聞いたものでした。

それを見て、**「自分でファンに聞いて回ったほうが、安いし、早いし、確実だ」**と思ったものです。

限られたお金を、どこに使うか。お金がないときこそ、頭と足の使いどころです。

■コスト削減には限界がある

スポーツチームの経営改善というと、支出を減らす、固定費の変動費化など、いわゆる数字上でよく見せることを想像するかもしれません。確かに、細かく探せば無駄はありますし、私は銀行員でしたのでコストカッターという印象を持たれていたというのもあります。

しかし、実際にはコスト削減よりも「いかに売り上げを増やすか」が最大のポイントです。なぜなら、次のように**スポーツチームの経営には粗利益率が高いという特徴があるからです。**よって、損益分岐点以降は非常に利益が出やすい財務構造です。

銀行の貸出の粗利益率　0・5％～1％
球団の広告収入の粗利益率　80％以上
球団のチケットの粗利益率　85％以上
球団のグッズの粗利益率　35％
球団の飲食の粗利益率　20％

そのため、「利益増＝収入増」に特化しなければいけないというマインドチェンジが重要です。これはスポーツチームが、基本的には入場料やグッズの売上、広告収入などに頼る、現金商売であることも大きいと思います。

従来のマリーンズの人たちも、親会社のロッテが食品メーカーということもあり、固定費を削減する、具体的には蛍光灯を消したり、文房具をトコトン使い倒したりするなどのコスト削減はすでに徹底されていました。

それもあり、私の仕事はそこではないと考えました。もちろん無駄な出費はさせませんでしたけども、そこに焦点は当てさせませんでした。

要は、「けちけち大作戦」は当然やるのですが、それで削減できるコストではなく、もっと根源的に削減するにはどうするのかを考えた、ということです。

そのため、収入を増やすためのコスト増は、ある程度認めていました。

たとえば、10万円かけて出張することによって、50万円の利益が取れるとなれば、どんどん出張に行ってこいということになります。単純に「出張一律禁止」とするのは簡単ですが、そうではなく、基準を設けて管理しています。

■堅実なビジネスで勝負をする

スポンサー同士のビジネスマッチングや地域交流会なども行ってきましたが、銀行営業時代にさんざん経験しており、手間のわりには効果が期待できないことは知っていました。こういった、メディアで取り上げられて、パッと見が派手に見えることは、収支を支えるものではありません。

広告収入、放送権収入、グッズ販売、サービス、チケットなど、いわゆるプロ野球球団のビジネスとして想像がつくビジネスで稼ぐしか、基本的にはないということです。

ただし、儲からないからといってやらないのでは、メディアも取り上げてくれないし、球団としても露出や話題づくりをするなどのメディアテンションを高めることが、ビジネスにも影響してくるのはわかっているため、行っています。スポーツチームは「夢」や「チャレンジ」を提供するものなので、「儲けにくいから」と最初から保守的になりすぎると、「つまらない球団」のイメージがついてしまいます。

弱くても利益を出す方法

大前提として、

チームの強さはコントロールできない

と考える

（＝チームの強さに依存する施策に頼らない）

ではどうするか?

1 外部に頼まず、自分でやる

→ お金をかけて外部に市場調査などを
お願いする必要はない

2 いまある材料で使えるものは使い倒す

→ スタジアムの席の整備など、
使えるものはたくさんある

3 コスト削減に頼りすぎない

→ かける経費はかけないと
売上や利益は上がらない

4 堅実なビジネスで稼ぐことを考える

→ 飛び道具的なビジネスに頼らない
メディア向けと割り切る

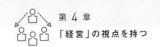

多少リスクがあってもチャレンジし続ける球団のほうが、メデイアもファンも応援してくれると思います。

就任前のマリーンズも、「水着を着て来たらチケット半額」とか、奇抜なファンサービスをやっていましたが、実際にはほとんど集客にはならないです。

しかし、メディアの話題をとってみれば、直接的な収益ではありませんが、間接的に球団の注目度が上がり、価値が上がる。マリーンズは、いつも面白いことをやっているという印象がお客さんに残れば、スポンサー営業をやるときでもアドバンテージがあるのです。

こういった「遊び心」なしで運営して、どこもメディアに取り上げられなくなるのでは、営業するうえでも面白くないですし、お客さんも食いついてきません。

自分たちの「価値」は、自分たちで見つける

■球団運営は「広告代理店の経営」と同じ

「ロッテブランドを高めてほしい」

オーナーからいただいた「3つの指令」のひとつです。おそらく、日韓をまたぐ巨大なコングロマリットのロッテグループのブランド価値の向上という意味での発言だったと思いますが、子会社の立場で全社のブランディングは困難であるため、私なりにマリーンズのブランド価値向上に置き換えました。

選手が入れ替わっても、監督・コーチが入れ替わっても、マリーンズというチームのファンが変わらずファンであり続けたいと思い、新たに野球を見始めた人が「千葉

ロッテマリーンズを応援したい」と思うような何か。それがマリーンズの「ブランド」なのでしょう。

「マリーンズブランド」を高めるも何も、そもそも「マリーンズブランド」とは何なのか。社員に聞いてみても、自覚している人は誰もいませんでした。

そのためまずは「マリーンズブランド」を明確にすることからのスタートでした。

そのような状況を知ってか知らずか、外部のコンサルティング会社が「御社のブランディングを手伝います」と営業をかけてきましたが、私はすべて断りました。

球団運営とは、「広告代理店」のようなものだと私は考えています。「千葉ロッテマリーンズ」というチームをコンテンツ化し、グッズを製作して販売したり、球場やユニフォームに広告を出稿してもらったりしているわけですから、「広告代理店」というニュアンスもわかっていただけるでしょう。

「千葉ロッテマリーンズ」というコンテンツを商品としている広告代理店が、「千葉ロッテマリーンズ」の価値がわからず、ブランディングを外部のコンサルタントに任せる。こんな笑い話はありません。

私たちは自社内で、「マリーンズブランドとは何か」を話し合うことにしました。

■見いだした「３つのブランド」

必ずしも立派なものでなくていい。「これが千葉ロッテマリーンズだ」と誇れるものは何だろう。それらをとがらせていけば、「マリーンズブランド」を高めることにつながる――私たちは自由に話し合いました。

その結果、いくつかの「ブランド候補」を見つけることができました。

・下剋上
・日本一の熱い応援
・勝利のときのコール＆レスポンスの「ＷＥ　ＡＲＥ！」はマリーンズの名物
・習志野高校吹奏楽部の美爆音応援
・ピンストライプのユニフォーム
・交流戦の風物詩ともいえる「他球団挑発ポスター」

そこから次の3つのブランドを考えました。

1つ目は**「意外性」**。

すでに何度もお話ししている通り、当時のマリーンズは「Bクラスの常連」であり、決して強いチームではありません。

しかし2005年には、レギュラーシーズンを2位で終えながら、プレーオフでレギュラーシーズン1位の福岡ソフトバンクホークスを下して逆転優勝。その勢いのまま、日本シリーズでは阪神タイガースを破り、日本一の座に輝きました。

5年後の2010年には、シーズン3位でありながらクライマックスシリーズを勝ち抜き日本シリーズ進出。「プロ野球史上最大の下克上」を合言葉に、セ・リーグ王者の中日ドラゴンズを下し、日本一に上り詰めました。

「マリーンズがクライマックスシリーズに進出すれば、何かが起こる」

「5年に1度、何かが起こる」

この「意外性」は十分、ブランドになり得ると考えたのです。

また、1998年には「18連敗」というプロ野球史上最長の連敗を喫しながら、熱いファンは一切、離れませんでした。これもある意味「意外性」として、球団は誇りに思っています。

2つ目は**「日本一の応援」**。

声と手拍子を中心とした独特の応援スタイルで、たとえリードされていても決してあきらめない応援の威圧感など、マリーンズの応援は多くのプロ野球ファンから日本一と言われるとともに、相手チームにしばしば恐れられているほどです。そして、なによりも甲子園の高校野球の応援で最も多く採用されているのがマリーンズの応援歌です。

くわえて、甲子園の「美爆音」応援で知られる、習志野市立習志野高校吹奏楽部も定期的にマリーンズの応援に駆けつけてきていただいています。

3つ目は**「突飛なファンサービス」**。

マリーンズの交流戦の風物詩ともいえる「他球団挑発ポスター」は、私が社長に就任する前年の2013年以前から始まっていたものです。他球団の協力やファンの盛り上がりのおかげで話題になったこともあり、「新たなファンサービスをマリーンズのブランドにしよう」という機運が社内でも高まりました。

「みんなで『恋するフォーチュンクッキー』」「マリンフェスタ」「マリーンズカンパイガールズ」「謎の魚」……そのどれもが、「突飛なファンサービスをマリーンズのブランドにしよう」という社員たちの気概の成果なのです。

「意外性」
「日本一の応援」
「突飛なファンサービス」

私たちはこれらを「マリーンズブランド」と定義し、磨きをかけ、ファンやスポンサーにアピールしていくことになります。

他球団に先んじて「SNS」をフル活用

■選手・監督・コーチ・フロントの「素の姿」を発信

「弱い」「地味」「首都圏のローカル球団」

ともすればネガティブなイメージを首都圏の大手主要メディアからは埋没しがちなマリーンズにとって、球団自らが情報を発信できるSNSの発達は大きな追い風となりました。

ブランド力を高め、ファンを増やすには、メディアの力が必要不可欠です。しかしテレビや新聞、雑誌にはどうしても「尺」や「スペース」の限界があります。

シーズン中は、ニュースの内容は試合結果や成績が中心になりますから、「マリーンズ」というチームの特色を伝えるチャンスにはなかなか恵まれません。

一方のシーズンオフは、たとえば「入団した注目新人に親会社・ロッテのお菓子工場を見学してもらう」など、画《え》になるニュースがあればテレビも尺を割いてくれますが、限られたスポーツニュースの枠を多くの競技、そしてプロ野球12球団で取り合うとなると、マリーンズをまるまる取り上げていただく機会にはなかなか恵まれないのが実情です。

「意外性」「日本一の応援」「突飛なファンサービス」というブランドの軸を定めたものの、広く打ち出す機会がないのでは宝の持ち腐れに終わります。

そこで味方になってくれたのが、球団自らが情報を発信できるＳＮＳです。

２０１３年に公式YouTubeチャンネルを開設。試合前に円陣を組んで声を出したり、勝った試合後にロッカールームでリラックスしながら試合を振り返ったりといった、選手の自然な姿を発信すると、ファンから大きな反響をいただきました。

いずれも、いくら熱狂的なファンでも、テレビを見たり球場に来たりするだけでは見えない部分。球団広報自らが世の中に発信することで、ファンも「この選手、試合以外ではこんな一面があるんだな」と感情移入しやすくなったことでしょう。

また「ドラフト会議舞台裏」と題した動画では、私をはじめとするフロント陣と監督がどのような意気込みで会議に臨んでいるかが伝わるはずです。

現役選手が一切映っていないこの動画もやはり、「マリーンズはどのような球団か」を知っていただくきっかけになるのではないでしょうか。

YouTube 開始当初の数年は、12球団で再生回数トップを走っていました。今ではインターネット関連が親会社の本業である横浜DeNAベイスターズや東北楽天ゴールデンイーグルスなどには発信力で劣るかもしれませんが、「何をブランドとするか」から考えながら、手探りで始めた YouTube チャンネルにしては、面白いコンテンツが揃《そろ》っていると自負しています。

これからもさらに、面白いコンテンツがどんどんアップされていくことでしょう。

■選手の「社会教育」に力を入れる

ただSNSの活用は、多くのファンに自球団の姿を知っていただけるチャンスとなる半面、大きなリスクも負います。

「球団のブランドを著しく損ねる行為」として真っ先に思い浮かぶのは、球団に属する職員や監督・コーチ・選手の不祥事でしょう。

犯罪はもちろん、私生活でのだらしない行為や、SNSでの思慮を欠いた発言はすべて、球団のブランドを損ねる行為となり得ます。

いくら社員たちが新たな「マリーンズブランド」を打ち出したところで、最も目立つ選手が、ブランドを毀損する行為をしてしまっては水の泡です。**そこで私は、SNSでの発信を強化すると同時に、選手の生活指導や社会教育にも力を入れました。**

私がマリーンズの社長に就任する直前、ある選手が、ある事件の被害者を中傷する投稿をTwitterにあげたとして大問題になりました。この投稿は選手自身ではなく、選手のTwitterの管理人が独断であげたもののようですが、球団にも多くの抗議が寄せられたと聞きます。

SNSの発達により、選手の「野球以外の一面」を世の中に発信しやすくなりました。それは一方で、選手にとっては「野球以外の一面」まで見られてしまう機会が増

マリーンズの3つのブランド

■マリーンズのブランド候補

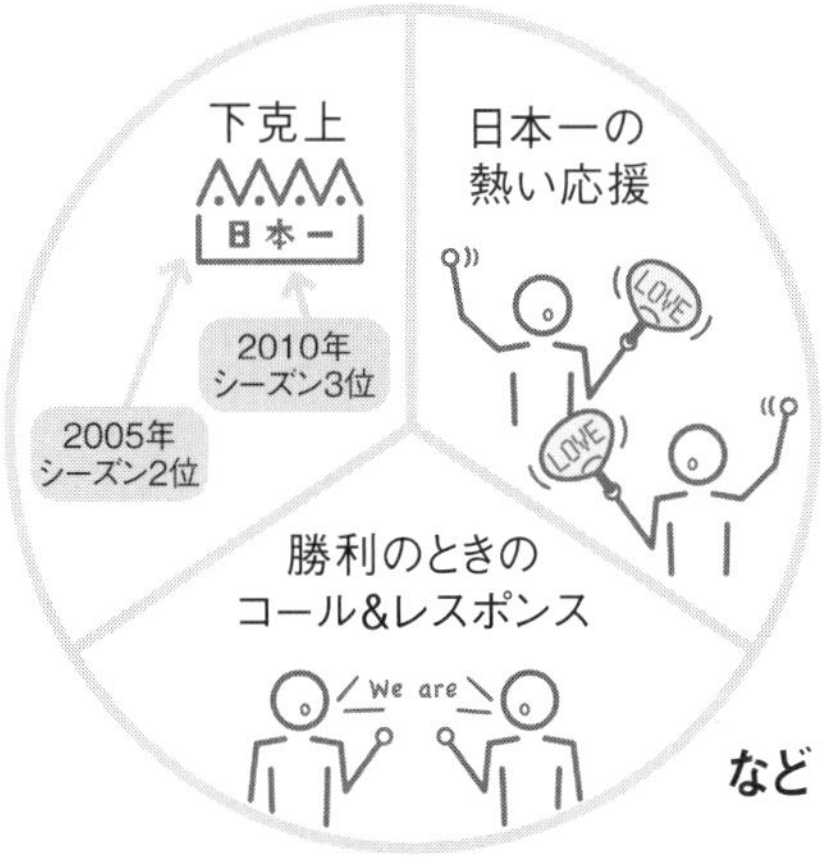

3つのブランド

1 意外性

2 日本一の応援

3 突飛なファンサービス

えたともいえるのです。

いい大人に生活指導をするというのも堅苦しい話ですが、とくに10代後半から20代前半の新人選手は、社会人としての日が浅いために、自覚のないままによくない状況に巻き込まれてしまうことも多々あります。それらを未然に防ぐのも、「球団」という組織をリードする球団社長の役目だと考えていました。

正直に申し上げて、私の在任中にすべての選手の不祥事を防ぐことができたとは言い切れず、忸怩たる思いです。

しかし一方で、私の思いに共感し、「プロ野球選手」以前に「一社会人」として自分を律した行動をとり、ときには球団の「営業担当」としてスポンサーとも接してくれる選手に恵まれたことも、私にとっては誇りです。

第 5 章

数字を読み、利益を生み出す

「親会社からの補塡ゼロ」を目指す

■球団社長打診時に見せられた「2つの決算書」

「火中の栗を拾ってみないか」

私がマリーンズの球団社長を打診されたときに見せられたのは、「2つの決算書」でした。

一般に公開されていない「管理会計の決算書」と、公開されている「財務会計の決算書」です。

「管理会計の決算書」は、親会社が赤字を補塡する前の決算書。本書でも述べてきた、「年間20億～30億円の営業赤字を垂れ流し続けている」状態の決算書です。

管理会計と財務会計の違い

管理会計

自社の経営に活かすために作成する
社内管理用の会計

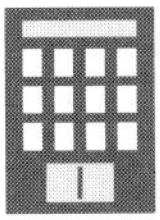

財務会計

株主や金融機関など、社外の利益関係者に
業績を把握してもらうもの

球団経営においては

「管理会計」（＝赤字補塡前）を重視する

一方の「財務会計の決算書」は、親会社が赤字を補塡した正式の決算書です。親会社が保有する球団の赤字を補塡するのは、違法ではありません。

１９５４年に国税庁は「職業野球団に対して支出した広告宣伝費等の取扱について」という通達で記しています。

この通達に則《のっと》り、親会社を持つ球団は、「広告費」の名目で親会社に赤字を補塡してもらうことが可能になります。

ちなみに２０２０年にコロナ禍で経営不振となるスポーツクラブが増加したことから、この通達はJリーグなど他のスポーツにまで拡大されました。画期的なでき事でもあり、一方で親会社依存がさらに高まり自立経営からは遠ざかる懸念も生じてきます。

■「大きなリターン」を見込めるところにお金を使う

「20億円超の赤字が当たり前」の体質から、いかに脱却するか——。誰の目にも明らかな、最大の課題です。

経営に「裏ワザ」は通用しません。あくまでも原理原則に沿って、構想を組み立てました。

ROI＝売上総利益÷投資額×100

この原則を無視して、財務体質の改善はあり得ません。当たり前のことを思直にやり抜くだけです。何度も言いますが、スポーツビジネスはなんら他のビジネスと変わりありません。原則通りやるだけです。

投資とは、売上や利益を得る目的に必要な資金のことです。

数式上、投資を抑えつつ利益を高めれば、ＲＯＩも増えるように見えますが、それは理想論。投資を抑えることを大前提にしてしまうと、利益を高めるための選択肢が狭まってしまい、「安かろう悪かろう」の商品を作ったものの、売れない」というジリ貧の状態になりかねません。

そこで経営的視点としては、「大きなリターン（利益）が見込めそうなところにお

金を使う（投資する）」のが基本的な考え方となります。極めて当たり前の事ですが、なぜかこの当たり前ができないのがリアルな経営の不思議なところです。マリーンズでもエスパルスでも同様でした。

投資に対して大きなリターンを見込める項目は、次の3つです。

- **広告**
- **チケット**
- **放映権**

これまでに「広告」（スポンサー）と「チケット」（ファン）に対してどのような施策を打ったかについてはお話ししました。

本章では、さらに「放映権」（メディア）へのアプローチも交えながら、よりシビアに「数字」に切り込んだ話をしていきます。

経営の原理原則

$$\text{ROI} = \frac{\text{利益}}{\text{投資額}} \times 100$$

ROI
Return on Investment

〈利益 ＝ 売上高 － 売上原価〉

ROIを高めるには

1. 売上高利益率（利益÷売上高）を高める
2. 売上高を増やすための投資をする
3. 投資額をコストコントロールする

最も即効性の高い「広告収入」からテコ入れする

■自分を「安売り」してはいけない

一人ひとりのファンは大切です。同じく、一社一社のスポンサーも大切です。

その中で、ファンが買ってくれる「チケット」と、スポンサーが出してくれる「広告」のどちらを優先するべきか。「球団の財政を一刻も早く改善する」ことを考えたときにはスポンサーが出してくれる「広告収入」ということになります。

広告はチケットよりも格段に単価が高く、営業に力を入れることによる即効性も高いからです。

私は社長に就任後、まず自身の持つコネクションをフルに使い、みずほ銀行に広告を出していただく約束を取り付けました。

そして社員たちにこう訴えました。

「日本を代表するメガバンクが広告を出してくれた。これを皮切りにどんどん、大企業にアプローチをかけていこう」

それまでのマリーンズの広告営業は、私の目から見れば、慎《つつ》ましいことこの上ありませんでした。

自分たちで自分たちを「マリーンズなんて、どうせ地味だし……」「球場は都心から離れているし……」と過小評価しているために、必要以上に「地元志向」で、必要以上に「安売り」しているように見えたのです。

しかしプロ野球は、日本を代表するエンタテインメントビジネスです。マリーンズはそのエンタテインメントビジネスの一端を担っている、日本に12しかない会社のひとつなのですから、広告営業も全国に枠を広げ、日本を代表する企業にどんどんアプローチして然《しか》るべきなのです。

みずほ銀行が出稿してくれたおかげで、ほかのメガバンクにも営業がしやすくなり、実際に出稿していただくことができました。
また、メガバンクがこぞって出稿してくれたおかげで球団の信頼度も増し、他業界の大企業にも営業をしやすくなりました。1部上場の有名企業の隣に広告が出るだけでその会社の「格」も高く評価されることになるものです。

「自分から、自分を安売りしてはいけない」

これは商売の鉄則です。

■「フェアな交渉」を持ちかける

大手企業の広告がどんどん取れるようになると、今まで付き合いを続けてきたスポンサー企業との付き合いを考えなければならないときが来ます。広告には「枠」があるからです。
大手企業が大きなお金を出していいスペースに広告を出しているその横に、同じ面積の広告を格安で出している企業があるとしたら、道理上、おかしいでしょう。

「大手企業から広告を出してもらうようになった途端、昔なじみのスポンサーを切るのか。冷徹な社長だ」と思われるかもしれません。しかし実際は、「昔なじみのスポンサー」にとっても悪い話ではないのです。

それまでの広告営業は、スポンサーを降りたがっている企業に「いやいや、そこをなんとか。お安くしますから」と値引きをしてつなぎ止めている状況が続いていました。いわば「嫌々スポンサーを続けている」企業も多くあったのです。

改めて適正な料金設定をし、料金に応じた広告の場所を提案し、スポンサーを続けるかどうか考えていただくのは、お互いに極めて「フェアな交渉」であるといえます。

「自分から、自分を安売りしない」
「フェアな交渉を持ちかける」

商売の原理原則が営業担当に浸透するようになると、広告収入の収益は劇的に伸びていきました。マリーンズの広告収入は、親会社のロッテグループ以外で10億円も増加したのです。

客席を増やし、価値を高める

■「客席」を増やし、チケットをより多く売る

チケットの売上構成は、全売上の4分の1ほど。広告とともに、球団にとって大きな収入源となります。

単価は広告より低いのですが、営業利益率は80％超と高い。やはりファンにたくさん来場してもらうと、球団の経営は安定します。

「今まで自由席だったエリアを指定席化する」

マリンスタジアムに限らず、このような話題が出ると少なからず、ファンからの反発を招きます。

ただ実際、「自由席」を「荷物置き」として使われてしまうと、球団経営にとっては大きな打撃となるのです。指定席化はやむを得ない流れといえるでしょう。「多くのチケットを売るために、ファンにどうアプローチするか」はすでに述べましたので、ここでは「客席の考え方を転換し収益化した」事例を紹介します。

■「ホームランラグーン」をつくり、客席を増やす

2019年にマリンスタジアムは「ホームランラグーン」を設置。外野スタンドが従来より最大4メートル前にせり出すことで、ホームランが出やすくなりました。

マリンスタジアムは、その名の通り海の近くにあります。いや「海の近くにあります」という表現も生ぬるいかもしれません。何しろ、バックスクリーンの向こう側はもう海です。そのため浜風の影響も大きく、ホームランと思われた打球が風に押し戻され、平凡な外野フライに終わることも少なくありません。

ホームランは野球の華。そのホームランが出る確率が他球場と比べて格段に低いとなれば、野球の魅力が損なわれ、ファンの来場が減ることにもつながりかねません。そこで数年にわたる議論の末、ホームランラグーンの設置に踏み切ったのです。

ホームランラグーンの設置により、2019年のマリンスタジアムのホームランパークファクター（他球場よりホームランが出やすいか、出にくいかを示す指標。数字が1より高ければ、他球団よりホームランが出やすい）は、2016~2018年平均の「0・72」から「1・07」へと格段に上昇しました。

ホームランラグーンがもたらした恩恵は、「ホームラン数の上昇」だけではありません。**ホームランラグーンを設置したことにより、今までは「グラウンド」だった部分を「客席」にすることができるようになったのです。**

しかも外野手と同じレベルで、フィールドの延長の芝の上で、選手と一緒に守っているような臨場感を味わえるので、より高くチケットを売ることができます。

「ホームランラグーン」というひとつの投資で、「試合の魅力を高める」「客席からの収益を高める」というふたつのリターンを得ることができたのです。まさに「大きなリターンを見込めるところにお金を使う」という方針の好例です。

裏話として、実は当初設計プランでは見やすくするために、フィールドより1メートル高く設置する計画でした。しかし投資予算をカットするために、高くする台を削減してフィールド上にそのまま席を設置することになったのです。ケチケチ作戦の怪我の功名でより臨場感のある面白いシートができたのです。

■座席の価値を高める

くわえて、価値があるものは正当に評価してもらおうと、価値を高める戦略に舵《かじ》を切りました。

野球観戦では、誰もがより前側の見やすい席、最前列での観戦、足下の広い席を希望します。そこで最前列のシートを高級なものに切り替え、テーブルを付けてネーミングも変更し、値段を大幅に上げました。また、大きなシートゾーンをきめ細かく料金設定しメリハリをつけ、チケット収入はどんどん増していきました。

これにより、チケット担当者の仕事も、従来は席の割り振りや業者との窓口対応、ファンとのトラブル対応が主な業務であったのが激変していきました。

■バックネット裏の「記者席」を「客席」に

もうひとつの思い切った施策が、2016年に新設した「サントリー マスターズドリーム シート」です。

「サントリー マスターズドリーム シート」は、バックネット裏のグラウンドレベルに位置し、選手と同じ目線でプレイを見ることができます。窓も全面的に開放されており、選手の息づかいや迫力のあるボールの音が感じられる12球団で最も臨場感あふれる自慢の座席です。高級ビールやソフトドリンクは飲み放題、フィンガーフードは食べ放題という、至れり尽くせりの座席です。

実はこのスペース、もともとは記者席でした。しかし、いくらメディアや記者にはふだんからお世話になっているとはいえ、「球場の中で最もいい場所」であるバックネット裏のグラウンドレベルを、収益を生まない「記者席」として使い続けるのはもったいない。

そこで、「このスペースを高級ラウンジのようにできないか」と思い立ったのです。記者からは反発がありましたが、球団を立て直すためですから背に腹は代えられません。「これをきっかけに悪い記事を書かれるようになったらそれまでだ」と腹をくくり、記者席を3階に移動してもらうことにしました。

改装には7000万円ほどの費用がかかりました。しかしサントリーさんにネーミングライツを買っていただいたうえ、個人ファン向けの席も、法人向けの年間シートも即完売でした。2年で投資額を回収できる目処《めど》が立ちました。

もともとは「グラウンド」や「記者席」として使われていたスペースを「客席」へと転換できたことにより、マリーンズの経営はさらに安定感を増していきました。

「放映権」は収益の安定化のキモ

■「複数年契約」だからこそ、1回の交渉の重みが増す

メディアの放映権料等による売上比率は、全体の15％前後。広告やチケットほどではないにしても、収益を安定させるためには重要なものとなります。

放映権料は複数年契約が一般的で、だいたいは「3年契約」や「5年契約」となり、毎年変動するものではありません。だからこそ、その「3年に1回」「5年に1回」の契約交渉が大事になってきます。

この複数年で数十億円を超えるディール（取引）だけは、極めて重要な案件だけに社長直轄で直接コントロールしていました。

「どのメディアで試合を放映するか」を決める放映権は、球団側にあります。つまり

球団側は、複数のメディアの放映権料と諸条件を見比べて、試合を放映するメディアを選ぶことができるわけです。

放映権の保有が「日本野球機構（NPB）」でも「セ・パ各リーグ」でもなく「球団個々」にあるのは、日本のプロ野球を引っ張ってきたのが、そもそも親会社が「メディア」である読売ジャイアンツや中日ドラゴンズなどであることが大きいと思います。

メジャーリーグやヨーロッパ各国のサッカーリーグ、そして日本のJリーグなどは、一括で放映権をどんどん売り、利益を分配する形式をとっていますが、日本のプロ野球の放映権は各球団に委ねられているのです。

最近はOTT（オーバー・ザ・トップ）と言われるインターネットを介した動画配信が急伸しており、放映権ビジネスの勢力図も大きく変化しています。たとえばスポーツ専門の動画配信サービスDAZN《ダゾーン》で試合を見ることのできる球団が年ごとに変わってくるのは、球団ごとの微妙な交渉によるところが大きいといえます。

放映権が各球団に与えられているからこそ、球団としての「ブランド」を高め、試合を放映する価値を高めていくことが大切になります。

放映権を球団が保有（＝球団が映像を制作）している場合、他にも多くのメリットがあります。

たとえば、パ・リーグの試合映像はセ・リーグよりも若干引いている画像が多いです。なぜなら、引いたほうが多くの広告を被写体として画像に取り込むことができるからです。広告を掲載する位置は、通常のプレイだけでなく、監督が選手を交代する様子を映す場合などでも、後方の広告もしっかりと入る角度でカメラを回すようにカメラワークを計算し、また、意図的に撮影しない指示をすることもあります。

球団のイベント告知も簡単に挿入することが可能です。特に、コロナ禍では、無観客試合でもより多くの露出を求めるスポンサーのために、無人の観客席に広告を設置し、画像に取り込むことも可能となりました。

■念願の「黒字化」達成

「広告」「チケット」「メディア」収益性の高い分野に経営資源を注ぎ、高いリターンを得続けたことで、マリーンズの赤字体質は年を追うごとに改善していきました。

収益の推移を年ごとに見ていくと、

２０１４年　マイナス16億円
２０１５年　マイナス11億円
２０１６年　マイナス７億円
２０１７年　マイナス６億円
２０１８年　プラス７億円
２０１９年　プラス11億円

と、就任5年目には黒字化に成功したのです。

この間、不便を強いたことがいくつもあります。

社員に強いた不便でいうと、オフィス。オフィスはプレハブの小さなもので公園内にあることもあり、さまざまな制約があり、大規模な改修は不可能でした。しかし、大幅な投資をすることで、スポーツクラブらしいオフィス環境を整備しました。

選手に強いた不便でいうと、たとえば、ロッカールーム。選手からは「新しくしてほしい」と頼まれていましたが、経営的視点から見れば「選手のロッカーをきれいにしたからといって、強くなるわけでも、収益を生むわけでもないだろう」と、改修を後回しにしていたのです。

しかし黒字になってからは、このような設備投資にもお金を回せるようになりました。選手のロッカールームも今後、きれいなものに整備することができるでしょう。

ファンやスポンサー、メディアに愛されるチームとなったマリーンズはこれから、ますます強くなり、躍動していくことでしょう。

第 6 章

「ビジネススキル」以前に「人間」を磨く

「ビジネススキル」を過信するな

■「リーダーシップには詳しいけれど、リーダーシップが発揮できない人間」が生まれる理由

「学校の勉強ができる」と「仕事ができる」はまったくの別物です。

学校の勉強は、すべてが「クリアカット」。不規則なしがらみは一切なく、計算通りのことが計算通りに進みます。いついかなる状況でも、誰が計算しても、1に1を足せば2になり、2に2を掛ければ4になります。

しかし仕事は、そう簡単にはいきません。すでに述べたように、会社組織は「人間」の集まり。一人ひとりに、それぞれが抱える事情や感情がありますから、計算通りにことが進むことのほうが少ないのです。

仕事の現場で、現実に巻き起こっていることを、学校の勉強のように「知識」の量でねじ伏せようとしても、確実に行き詰まります。

特にスポーツビジネスの場合、あまりにもメディアからの誤った誇張された情報だけが一人歩きしているケースも多く、また、社会貢献活動、ＳＤＧｓなど流行のような言葉だけが先行しすぎて、本質を見逃されている、置き去りにされているのではないかと感じることも多々あります。

たとえば、ビジネス書や研修でリーダーシップやマーケティングについて学んだとしましょう。学んだことをいざ、仕事の現場で実践しようとしても、相手は生身の人間ですから、応用範囲は無限にあります。本や研修では学ばなかった場面もどんどん出てくるでしょう。もしかしたら、相手は自分のことを嫌っていて、本に書いてあった通りに対処しても、素直には従わないかもしれません。

そこで「学んだ知識」を頼りに、「この場面はたしか、あの本の○ページに書いてあったから……」なんて思い出しているうちに、状況は刻々と変化していきます。現場から取り残される。「リーダーシップには詳しいけれど、リーダーシップが発揮できない人間」が誕生するわけです。

もちろん、本や研修で学ぶ知識がすべて無駄かといえば、そうではありません。「頭」につけた知識は、現場での実践を重ねると「身」につきます。学んだ知識をどんどん実践し、どんどん失敗して、その経験を「身」に沁《し》み込ませると、現場で瞬時に力を発揮することができるようになります。しかし、現場で傷つくことを避ける人は、いつまで経っても、知識を「身」につけることができないのです。

■海千山千の社長にだまされる

銀行員時代に、苦い思い出があります。

教科書通りに決算書を分析し、「この会社ならば融資してよい」という判断を下したら、まんまとだまされてしまったのです。

その会社が「怪しい」ことには気づいていました。

決算書には大きな問題がありませんでした。優良企業とまではいかないまでもすぐに倒産するような財務内容ではありませんでした。しかし当社がメインバンクであるにもかかわらず、売上の入金や支払いの動きが銀行口座で確認できませんでした。

その会社の社長に確認すると「借り入れは御行がメインバンクでも、売上の入金や支払いはサブメインほかの銀行とのお付き合いがあるので意図的に分散しています」との回答でした。

確かにメインバンクに集中させない、そのこと自体は、銀行取引バランス上よくあることです。しかし社長の日頃の言動からして、やはり怪しいと思いました。

実際は売上も支払いも、多くが架空でした。いわゆる粉飾決算です。

自行に口座があれば、決算書の数字と照合もできましたが、他行の口座明細まで要求していませんでした。

直近の3期ほど、その会社の「資産」として、A産業に対する売掛金が1億円ずつ計上されていたのです。

同じ会社に対する売掛金が3期、きっちり同額なのは、何か怪しい。しかし社長を追及すると、何食わぬ顔でこう言います。

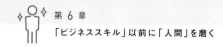

「ああ。A産業は毎年、固定の売上で決まっているんですよ」

本当かな……。私はなおも確認しました。

「大変失礼なことを申し上げますが、この売掛金は粉飾ではないかと銀行は疑っているんですよ」

相手は動じません。

「あはは。そうですよねぇ」

こんなにも堂々としているのなら、本当に「怪しく見える」だけで、やましいところはないのだろう。私は「融資してよい」という判断を下しました。

しかし結果は、この会社は「架空の売上」を計上して、債務超過をごまかしていたのです。結局、この会社はほどなく倒産し、私は融資したお金を焦げ付かせてしまいました。

向こうにしてみれば、実際、粉飾しているわけですから、決算書が怪しいことは重々自覚しています。しかし、ボロを出すわけにはいかない。ボロを出し、私が「融資はできない」と判断すれば、即、倒産に追い込まれます。向こうは文字通り、命懸けで私をだましたのです。

一方の私は、「教科書通り」「マニュアル通り」の対応に終始するしかなかった。相手のほうが、一枚も二枚も上手だったというわけです。

「勉強で培った知識」は、仕事においてはかえって足かせになることすらある。磨くべきは「勉強による知識」ではなく、「人間を見る力」だったと、このでき事から学びました。

誰しもが、「ビジネスパーソン」である前に、ひとりの「人間」です。ビジネススキルを過信し、ビジネススキルだけで仕事を乗り切ろうとすると、ときに相手が人間であることを忘れ、足を踏み外すことになります。

「人として当たり前のこと」をやるのが正しい

■「挨拶回り」のつもりがいつの間にか「大口受注」に

「人として当たり前のこと」をしていれば、仕事でも人生でも、大筋を外すことはありません。

嘘をつかない。約束を守る。挨拶をする。お礼を言う。自分に非があるときは謝る。仕事も人生も、すべては「人として当たり前のこと」の積み重ねです。

ところが、仕事となると変な力が入るのか、「人として当たり前のこと」が「当たり前」にできない人をよく見ます。

失敗をごまかしたり、隠したりする。嘘の報告をする。陰で誰かの足を引っ張る――日常生活では到底、そのようなことをしないように見える人が、妙なことをしでかしてしまう。仕事には不思議な一面があります。

「会社組織は、計算通りにはいかない」このことからもよくわかるでしょう。

だからこそ、仕事でも心を乱さず、「人として当たり前のこと」をやり続ける人間は、信用されます。


マリーンズの社長時代、300万円以上のスポンサー企業にはすべて、挨拶回りをしていました。

さすがに「全スポンサーを回る」のは時間的に不可能でしたが、それでもせめて、300万円以上のスポンサーには、定期的に訪問して「いつも広告を出してくださってありがとうございます。何かお役に立てることはありませんか」とお礼を言うのが、人として当たり前のことだと考えていたからです。

私が挨拶回りをすると、どのスポンサー企業の社長も喜んでくださいました。そして、みな一様に、同じことを口にしたのです。


「わざわざ挨拶に来てくれてありがとう。これまでは顔を見せてくれなかったから

ね。これからもよろしく頼むよ」

私のほうから「お礼を言いにおうかがいした」だけなのに、その場で広告出稿の継続を約束していただけたり、広告出稿額を増額してくれたりすることも少なくなかったのです。

私は意外に思うと同時に、「当たり前のこと」を遂行する大切さを実感しました。

■リーダーに必要なのは「リーダーシップの知識」ではない

「社員全員へのヒアリング」にしても、結局は「人として当たり前のこと」をしているだけです。

社員が何を考えているかがわからないと、社員が働きやすい環境を整えることができない。だから、社員が何を考えているのか聞く。ただそれだけのことです。

ただ、その「当たり前のこと」をするだけで、メンバーがモチベーションを高めてくれて、パフォーマンスを存分に発揮してくれて、実績が出ました。メンバーのもともとのポテンシャルが高かったのはもちろんですが、一方では「私の前任のリーダーたちが、メンバーのポテンシャルを引き出し切れていなかった」ともいえるでしょう。

リーダーに必要なのは、「リーダーシップの知識」ではありません。

「どうしたらメンバーが働きやすくなるのだろう」と、人としてメンバーの気持ちを汲《く》む姿勢なのです。

おわりに

「ＦＡ宣言します」

プロ野球のＦＡ（フリーエージェント）制度になぞらえ、記者会見で格好をつけて「千葉ロッテマリーンズの球団社長を退任する」旨を伝えたのは、２０１９年11月22日でした。

会社員が転職をしたり、ヘッドハンティングで会社を移ったりする場合には、基本的に「次を決めてから移る」ものでしょう。

しかし私は、まさに本当の「ＦＡ宣言」のように、退任会見の時点では、まったく「次」を考えてはいませんでした。「辞めてからゆっくり考えればいいいか」その程度に考えていたのです。またプロスポーツに携わるかどうか。それすらも決めていませんでした。

ところが12月に入り、私はプロスポーツの素晴らしさを改めて思い知ることになります。

2019年のレギュラーシーズンも終盤にさしかかっていた9月、かつて勤めていたみずほ銀行時代の同僚から連絡がありました。

彼の知り合いに、海浜幕張駅の近くに住んでいる、筋金入りのマリーンズファン一家がいるのだそうです。その家の中学生の尚吾《しょうご》くんももちろんマリーンズファン。私が社長に就任する2014年よりもはるか前から、年に何度も、家族揃ってマリンスタジアムで観戦してくれていたようです。

しかし、尚吾くんは不治の病にかかってしまい、余命幾ばくもないとのこと。今は学校にもいかず、自宅療養をしながら過ごしているといいます。

そこで彼は、「尚吾くんに、マリーンズのベンチを見学させてあげてくれないかな」

と私に打診してきたのでした。

「試合前のちょっとした時間なら」と、私はＯＫを出しました。

当日、尚吾くんは熱を出してしまっていたのですが、「絶対にいきたい！」と両親に願い、マリンスタジアムにやってきてくれました。

ベンチに座ってグラウンドを見る目は、キラキラしています。心の底から喜んでいる様子が伝わってきます。


しばらくすると、中村奨吾《しょうご》選手が顔を出してくれました。

実は尚吾くんは、名前の読みが同じ中村奨吾選手の大ファン。前日に選手たちには「明日、こんな子がベンチの見学にくるんだよ。その子が中村奨吾選手の大ファンでね」とは話していましたが、まさか「サプライズ登場」してくれるとは思いませんでした。

尚吾くんの喜びようといったらありません。

その姿を見て、中村奨吾選手も嬉しかったのでしょう。一緒に写真を撮るのはもちろん、バットとグローブにサインをして、尚吾くんにプレゼントしていました。尚吾くんはもう、これ以上ないくらいに舞い上がっていました。

ご両親も感激した様子で、中村奨吾選手と会話する尚吾くんを見ながら、私にお礼を言います。

「今日はありがとうございました。実はあの子、10月までもつかもたないか……というところまできているのです。でもあの子、マリーンズが勝つと元気になるんですよ。残りのシーズンも頑張ってください」

尚吾くんは、マリンスタジアムのベンチに入り、大好きな中村奨吾選手と話し、写真を撮り、直接バットとグローブをもらったその日から、再び生きる力がみなぎったといいます。

「10月までもつかもたないか」と言われていた尚吾くんは、12月に入るまで懸命に生きました。

葬儀でご両親から「中村選手にもらったバットとグローブを枕元に置いて、毎日、病室で中村選手の応援歌をかけて、手拍子して歌っていたんですよ。12月まで生きることができたのは、マリーンズと中村選手のおかげです」と教えていただき、私は胸を打たれ、止めどなく涙が流れました。ここまで人に感動と勇気を与え、人の命さえも延ばす、このような仕事はなかなかないと思いました。

もう一度、プロスポーツに携わりたい。そう思いました。

そのような折、エスパルスから、代表取締役就任の打診をいただいたのです。

スポーツ選手は、子どもたちにとってはヒーローです。

尚吾くんにとって、中村奨吾選手がヒーローだったように、選手たちはそれぞれ、誰かにとってのヒーローなのでしょう。

もちろんエスパルスの選手たちもみな、誰かからの期待を背負ってピッチに立っています。

彼らヒーローが躍動する舞台を整えるのが、フロントやチーム職員の役割です。

私は、みずほ銀行で培った経験を活かして、千葉ロッテマリーンズや清水エスパルスで経営者として尽力してきました。

そこには、「私ならではのリーダーシップ」も、「私ならではの経営革新」も一切ありません。ただただ、現実を見つめ、社員の声を聞き、とることのできる最善の策をとった。それだけのことです。
「夢を与えるプロスポーツ」の経営にいちばん必要なもの。それは、地に足の着いた「現実的な経営手法」なのです。

本書が「ビジネスパーソンとしての原理原則」に立ち返るきっかけになれば、これに勝る喜びはありません。また、スポーツファンの方には、スポーツを見るうえでの新たな視点を提供することができたなら嬉しく思います。

最後に、みずほ銀行で苦楽を共にした仲間、千葉ロッテマリーンズ、清水エスパルスで一緒に働いた（ている）仲間、そしてどんな苦しいときも応援してくれるファン・サポーターの皆さん、スポンサー企業の皆さま始め、球団を支えて頂いた全ての方に改めて感謝を申し上げたいと思います。
そして、仕事に夢中で家庭を全く返りみず、育児・家事を任せきりにした最愛の妻と、幼少期・思春期と多感な時期に十分な時間と愛情を注いであげられなかった4人の可愛い子ども達に、せめてものお詫びと感謝の気持ちを込めて本書を贈ります。

2021年1月
山室晋也

編集協力：前田浩弥
協力：株式会社千葉ロッテマリーンズ、株式会社エスパルス
本文デザイン、図版：松好那名（matt's work）

〔著者紹介〕

山室 晋也（やまむろ・しんや）

株式会社エスパルス（Jリーグ・清水エスパルス運営会社）代表取締役社長。前・千葉ロッテマリーンズ取締役社長。


1960年三重県生まれ。立教大学を卒業後、第一勧業銀行（現みずほ銀行）入行。４店の支店長を経験し、支店長在任17期中15期で総合成績優秀賞を受賞。11年から執行役員、13年にみずほマーケティングエキスパーツ代表取締役社長、その経歴から「リアル・半沢直樹」とも言われる。同年千葉ロッテマリーンズ顧問を経て、14年に社長就任。営業利益マイナス約25億（着任前の直近５年間平均）の千葉ロッテマリーンズを、6年間で「創立以来初の単体黒字」「売上1.8倍」「球団創立以来最多観客数」を達成する。

20年より現職。清水エスパルスにおいても、本拠地・IAIスタジアムの指定管理者への立候補や、Jリーグ初のファナティクス・ジャパンとのパートナーシップ契約など、精力的に改革を実践している。

本書が初めての本になる。

経営の正解はすべて社員が知っている

2021年2月8日　第1刷発行　　2021年3月12日　第2刷

著者――――――山室　晋也
発行者―――――千葉　均
編集――――――大塩　大
発行所―――――株式会社ポプラ社
〒102-8519　東京都千代田区麹町4-2-6
一般書事業局ホームページ　www.webasta.jp

印刷・製本　共同印刷株式会社

N.D.C.336/255P/19cm　ISBN978-4-591-16800-4

P8008306